D1726517

Thomas Bernhardt (Hrsg.)

Liebeserklärung an Düsseldorf

Wartberg Verlag

Bildnachweis
Thomas Bernhardt: S. 5, 6, 8, 10, 11, 13, 17, 19, 20, 23, 25, 30, 33, 35, 36, 39, 40, 42, 45, 48, 54, 58, 63, 67, 69, 71, 74, 78, Coverfoto
Archiv NEMO: S. 15
Josef Hinkel: S. 16
U. Otte: S. 60/61
James Renier: S. 65

1. Auflage 2010
Satz und Layout: Grafik & Design Ulrich Weiß, Extertal
Druck: Hoehl-Druck Medien+Service GmbH, Bad Hersfeld
Buchbinderische Verarbeitung:
Buchbinderei Büge, Celle
© Wartberg Verlag GmbH & Co. KG
34281 Gudensberg-Gleichen, Im Wiesental 1
Telefon (0 56 03) 9 30 50
www.wartberg-verlag.de
ISBN 978-3-8313-2129-2

Inhaltsverzeichnis

Vorwort

„MAN KANN NUR LIEBEN, WAS MAN KENNT." Ich bin in Düsseldorf geboren und viel in dieser schönen Stadt „herumgekommen", aber ich kenne noch nicht alles. Deshalb habe ich eine Menge Menschen eingeladen, die Düsseldorf auf ihre eigene Art und durch ihre besondere Beziehung kennen, mir die eine oder andere „Lücke" zu füllen.

Der Titel zu diesem Buch ist „Liebeserklärung an Düsseldorf", aber mir wurde gleich klar, es waren und sind nicht nur positive Beziehungen, die die Angesprochenen zu dieser Stadt hatten oder haben. Wie in jeder Beziehung lassen sich auch hier die verschiedenen Stadien der Liebe erkennen.

Durch die Texte in diesem Buch ist mir vieles wieder in den Sinn gekommen, das schon etwas in Vergessenheit geraten war, und ich spüre gemeinsam mit all denen, die einen Beitrag zu diesem Buch geleistet haben, was es heißt, Düsseldorfer zu sein. Vielen Dank an alle, die mit Gesprächen und Texten die oben genannten „Lücken" gefüllt haben.

Ich wünsche mir, dass die Leserinnen und Leser erkennen, welche Beziehung sie selbst zu Düsseldorf haben und ich hoffe, dass sie ihre Stadt (trotz aller Krisen) lieben. Beim wiederholten Lesen dieser Ansammlung von bunten und erlebten Facetten der Landeshauptstadt überkommt mich dieses Gefühl jedes Mal!

Thomas Bernhardt
Grafiker, Stadt-Erklärer, Info-Scout, Autor

Mein Düsseldorf

NATÜRLICH HAT ES SEINEN REIZ, zurückzuschauen und aus der Zeit der kurzen Lederhosen und Schulstreiche zu berichten, als die Eiscafés noch Eisdielen hießen und mich der erste Liebeskummer schüttelte. Welch ein Abenteuer, als Dreikäsehoch den Bau der Kniebrücke zu erleben und dem Wachsen des stählernen Ungetüms aus nächster Nähe zuzusehen. Übrigens enthält die liebenswert rheinische Verschmelzung – Dreikäsehoch – nichts Essbares, hingegen viel vom französischen „caisse" für Kiste oder Kasten, was dann schon wieder reichlich Sinn macht. Schwärmen ließe sich von der großen Zeit der Fortuna, als der Verein noch energisch in der Oberliga mitmischte. Ganz zu schweigen von der Kirmes auf den Rheinwiesen, dem Karneval und den Schützenfesten. Viel gäbe es zu berichten und zu erzählen. Jedoch in der guten alten Zeit zu schwelgen, ist nicht wirklich meine Sache. Denn das aktuelle Düsseldorf hat es mir angetan. Oberbürgermeister zu sein in einer schwierigen Situation und turbulenten Zeit, ist eine unvergleichliche Herausforderung. Ein Traumjob, der helles Wachsein erfordert, Aufmerksamkeit verlangt und ohne die Liebe zur Heimatstadt gar nicht zu machen ist. Ich könnte und wollte nicht Oberbürgermeister irgendeiner anderen großen Stadt sein, denn ich bin von Kopf bis Fuß auf Düsseldorf eingestellt. Kommunalpolitik, nah bei den Menschen, das ist meine Welt hier in dieser wunderbaren Stadt am Rhein.

Zukünftige Generationen im Blick, betreiben wir Stadtplanung mit Weitsicht – und sind die Baustrapazen der Wehr-

hahnlinie einmal überstanden, wird wie im Falle des Rhein-tunnels sich ein brausender Verkehrsstrom in eine Flanier-meile verwandelt haben, die die Menschen einlädt zu prome-nieren. Das Libeskind-Ensemble macht den Kö-Bogen zum Publikumsmagneten und belebt das urbane Klima der Innen-stadt angenehm verweilfreundlich.

Meine Termine als Oberbürgermeister führen mich kreuz und quer durchs schöne Düsseldorf, und oft treffe ich dabei auf schlummernde Kleinodien und erhasche erfreut manch köstlichen Anblick.

Das verträumte Schloß Eller gehört dazu. Eine sorgfältige und behutsame Sanierung wird es aus dem Dornröschen-schlaf wecken. Neuerdings macht der Stadtteil Flingern mit seiner schnell wachsenden Galerienszene von sich reden. An einer garstigen Klinkerfassade und einem Blumenlädchen mit längst vergangenem Charme vorbei, durch eine Torein-fahrt, und man steht ganz erstaunt im Hinterhof vor einem großzügigen Galeriegebäude, das eine New Yorker Architek-tin im Auftrag eines Düsseldorfer Galeristen errichtet hat. Drinnen und draußen kühle Eleganz mit der nötigen Zurück-haltung, die den Ort zur Präsentation von Kunst hervorhebt. Düsseldorf lebt an allen Ecken und Enden.

Nüchtern-trocken verzeichnen Städterankings seit Jahren Düsseldorfs führende Position im nationalen und internatio-nalen Vergleich. Wer die Stadt erlebt, sei es als Gast oder Be-sucher einer der internationalen Großmessen, wird nicht zö-gern, dem beizustimmen, was längst in aller Munde ist und jedem echten Düsseldorfer aus der Seele spricht:

Man lebt dynamisch l(i)ebenswert in Düsseldorf!

Ihr
Dirk Elbers
Oberbürgermeister der Landeshauptstadt Düsseldorf

Mein Dorf

mehr braucht es nicht.
Die Straße, die jedem eine Welt ist
und alles hat, was der Planet so bietet.
Ein Fluss, der immer anzeigt,
in welche Richtung es zum Meer geht.
Heimat unter jedem Schritt,
keine Straße ohne Andenken.
Warum soll ich weggehen?
Ach, ja, um wiederzukommen.
Nur dafür.

Martin Baltscheit

Am Rhein bin ich geboren ...

BITTE NICHT MITSINGEN. Kein Karnevalslied. Mein Wiegenlied ist das Tuckern der Rheinkähne. Direkt hinterm Damm. In Lörick. Altlörick sagt man heute. Das geteilte Dorf. Halb Düsseldorf, halb Meerbusch. Linksrheinisch. Sozusagen die „Schäl Sick" von Düsseldorf. Zur Zeit meiner Kindheit noch bevölkert von „Dicke Bure met dicke Päd". Die Erinnerung, das Paradies, aus dem man nicht vertrieben werden kann.

Düsseldorf, „die Stadt", ist weit weg. Wir fahren in die „Stadt", sagte man. 15 Minuten zu Fuß zur Linie 17. Dann über die Oberkasseler Brücke. Ein-, zweimal im Jahr. Mit der Mutter. Nach den Besorgungen ins Café Niesen, Bolkerstraße/Ecke Hunsrückenstraße, Kakao und Kuchen. Luxus pur!

Die Volksschule. Vier Räume. Stiftung eines Löricker Bürgers. Den Löricker Kindern für immer zugeeignet. Damit diese nicht so weit – damals nach Heerdt – laufen mussten. Heute Künstlerrefugium. Was schert uns der Stifter? Es gilt das gebrochene Wort.

Dann das Comenius-Gymnasium. Im feinen Oberkassel. Schon näher an der „Stadt".

Erste Erkundungen der Altstadt. Der „Donnerbalken" im Schlösser. Das Bobby.

Dann die große Liebe. Der Jazz. Kennengelernt haben wir uns am 12. November 1962, 20.14 Uhr. In der Aula des Comenius. Schüler machen Musik. Jazzmusik. „Was ist das für ein Geräusch?" „Was?" „Das runde Ding da!" „Ach, das Banjo ..." Muss ich haben. Habe ich heute noch. Zeugnisnote Musik: ausreichend. Lehrer: „Sie spielen neuerdings ein Instrument?" „Ja, Banjo." Zeugnisnote Musik: gut. Warum nicht gleich so?

Düsseldorf, die Jazzstadt. Jazz-Cap Flingerstraße, Oase Bolkerstraße. Jungendgefährdend! Unter 18 Jahre kein Eintritt! Man kommt trotzdem rein. Das Downtown Mertensgasse. Unvergessen: Yusef Lateef mit seinen Flöten, Irène Schweizer „zupft" das Klavier. Ohne Umweg über die Tasten.

Nach Mitternacht wird oben dichtgemacht. Das Konzert geht weiter.

Jeden Montag George Maycock. Der Meister selbst ergreift das Wort: „The shadow of your smile, when you are gone ..." Das ist doch gar kein Gesang! Stimmt. Mehr als das. Die Essenz des Gesanges. Musik pur. Alle Ablagerungen der Zivilisation durchbrechend. Jazz eben. Swing. Ternäres Feeling. Wenn es so einfach wäre. Man hat es. Oder man hat es nicht.

Und wie wird man Trödelmarktveranstalter? Berlin, Ende der 60er, Anfang der 70er. Die Wegwerfgesellschaft kommt in Fahrt. Jugendstil auf den Sperrmüll, Plastikmüll in die Wohnung. Schreiendes Rot, brüllendes Orange, piefige Tapeten.

Das Gute liegt so nah – auf der Straße. Bücken, aufheben, wohin damit? Die Studentenbude ist schon voll. Ab damit zum Flohmarkt. Flohmarkt? Gibt es nicht.

Also selber machen. 1974 Berlin, Charlottenstraße (heute Straße des 17. Juni) und Düsseldorf, Alte Messe, dann Neuss, Bremen, Hagen etc. etc. und wieder Düsseldorf: Philipshalle, drinnen und draußen, endlich am 6. Mai 1980: Trödelmarkt Aachener Platz! Dort wird heute schreiendes Rot und brüllendes Orange von Sammlern gesucht. Sei's drum. Mir gefällt's immer noch nicht.

Frühling 2010. Blaues Meer. Blauer Himmel. Laue Lüfte. Nach Düsseldorf 1600 Kilometer. Wann geht der nächste Flieger? Morgen erst? Also Jungs, dann bis Donnerstag, 16.00 Uhr, im Uerige. Heimat, deine Sterne!

Artur Gerke
Veranstalter des großen Düsseldorfer Trödelmarkts

der fluss

uralter fluss
springen
platsch
überraschendes hinter biegungen
straucheln
fallend aufstehen
schnelle strömungen
treiben
aufrecht verweilen
sicheres getragenwerden
ankommen
sehnen

inspiriert durch den fluss bei d.-hamm

Gila Maria Becker
Dramaturgin/Theaterpädagogin

Der bronzene Kurfürst mit dem violetten Kreuzsymbol

LANGE BEVOR ICH Heinrich Heines Erzählung gelesen habe, in welcher der bronzene Kurfürst auf dem Marktplatz vor dem Rathaus in Düsseldorf sein Wesen treibt, ritt dieser prächtige Reiter auf seinem prallen Gaul durch mein Hirn, wenn ich von fantastischen Figuren träumte.

Später in der Studienzeit an der Düsseldorfer Kunstakademie schien dieser grüne Reiter bei den abendlichen Altstadtzügen immer dabei zu sein, denn der letzte Weg führte doch zum ältesten Gasthaus Düsseldorfs – „En de Canon" – dorthin und von dort zurück passierte man diesen barocken Kurfürsten Jan Wellem, der dies in seiner barocken Leibespräsenz als Nachtgruß gutzuheißen schien.

En de Canon, an der Theke ging es immer um einen guten Schluck und in den Gesprächen um die Kunst, um Gott und die Welt – und an einem Abend in der Fastenzeit auch um Sinn und Unsinn volkstümlicher oder kirchenliturgischer Gebräuche, vor allem um den Brauch, zur Fastenzeit die Kruzifixe mit violetten Tüchern zu verhüllen, was auf spöttische Ablehnung stieß: würden doch bedeutende Kunstwerke so dem Kennerblick wochenlang entzogen. Ich verteidigte vehement den alten Brauch, weil mir Kunstwerke Lebenspartner in einer Welt zu sein schienen, die mir immer schon ein Mysterienspiel war. Um meiner Verteidigung der Kreuzverhüllung den nötigen Pfiff zu geben, betonte ich, das alles habe Sinn und selbst der Kurfürst in seiner bronzenen Montur trage zur Fastenzeit das Kreuzsymbol auf seiner Krone violett verhüllt. Das glaubte keiner und eine Wette war geschlossen, ob dem so sei – nach dem nächsten Glas ritt der imaginäre Kurfürst aus unserer bald vergessenen Thekendiskussion in die Nacht hinaus.

Bald aber war ein kleiner violetter Stofffetzen zur Hand und in einer Abendstunde des nächsten Tages wurde dann mit einem Studienfreund das Gitter des Jan-Wellem-Denkmals überwunden, der Denkmalsockel und der bronzene Gaul erklettert und mit geschicktem Griff das Kreuzsymbol auf der

Kurfürstenkrone des ehemaligen Landesvaters violett verhüllt. Späte, etwas schwankende Passanten auf der Suche
nach der letzten Theke dieser Nacht, hielten das alles für Gespenstertreiben.

Beim nächsten abendlichen „Canonen-Treff" brachte ich –
wie von ungefähr – die Rede auf die Wette um unseren kurfürstlichen Reiter und dann ging es mit Allotria und einer Taschenlampe zum bronzenen Jan Wellem. Da leuchtete nun im
Lichtkegel der Taschenlampe violett das verkleidete Kreuz
auf der Kurfürstenkrone. Die Wette war trickreich gewonnen
und unter Gelächter die Täuschung gestanden. Jan Wellem
aber ritt mit diesem violetten „i-Tüpfelchen" auf seiner Kurfürstenkrone durch die Fastenzeit.

Doch kurz bevor der Osterhase die bunten Eier brachte, hatten Wind und Wetter den liturgischen Kronenschmuck zerzaust und mitgenommen.

Nach vielen Jahren tauchte in den bronzenen Auftragsarbeiten meiner Bildhauerwerkstatt – wie ein spätes Erinnern
an diesen Jugendspuk – diese Kurfürstenkrone als Zitat immer wieder auf: so im Stadterhebungsmonument am Burgplatz, wo der Düsseldorfer Wappenlöwe die Krone mit dem
Kreuzsymbol trägt; am Düsselgitter, wo sie die Auftürmung
der „Hohen Hüte" bekrönt, oder im Hoppeditz-Denkmal hinter dem Gasthaus „En de Canon" und dem „Haus des Karnevals", wo sie sich in der Apotheose der Kopfbedeckungen
aus alter und neuer Zeit findet – aber nie wieder wird das
Kreuzsymbol dieser Kronen in der Fastenzeit sinngebend violett verhüllt sein.

So ist das eben mit Bildern und Abbildern: Bilder bewirken
Geschichten und letztlich Geschichte, aber Abbilder zitieren
sie nur.

Bert Gerresheim
Bildhauer

Nemo

(Wolfgang Neuhausen)
Internationaler Pantomime

Düsseldorf
das Liebesgedicht

Düsseldorf – Du meine Liebe
Ach, dass ich ewig hier nur bliebe.
Wie sehr verzaubert diese Stadt,
die so viel buntes Leben hat.
Düsseldorf – wer will spricht platt
Und die Kinder schlagen's Rad.
Mostert, Flöns und unser Alt
Lieben wir heiß – genießen's kalt.
Düsseldorf – hier zieh'n die Schützen,
das Prinzenpaar genießt das Bützen.
Der Hoppeditz mit seinem Scherz,
lebst tief in unser aller Herz.
Düsseldorf – Du lebst vom Wandel
Kunst ist zuhause hier und Handel
Kulturen werd'n nach rhein'scher Art
aufgesogen und bewahrt.
Düsseldorf – Dein Schlossturm strahlt
der Rhein liegt vor uns wie gemalt.
Düsseldorf – hier wird regiert
ich liebe Dich – ganz ungeniert.

Josef Hinkel
Stadt-Bäcker und Ex-Karnevalsprinz

16

Sieben Augenblicke in der Stadt

„Und Ecke!"
Ruft es im Morgengrauen
Mit Schwung
Schubst der Müllmann
Erstaunlich munter
Zwei Tonnen an den Straßenrand
Unten an der Ecke
(1986)

Heute bin ich Herr
Über eine Bank
In bester Lage
Konkurrenzlos weit & breit
Ein Platz an der Sonne
Im rauschenden Herbst
Dank sei dem
Verkehrs- und Verschönerungsverein
für den linksrheinischen Teil
der Stadt Düsseldorf
e.V.
(1990)

Kö
An diesem Samstag
Ist der Frühling ausgebrochen
Und der Boulevard voller Menschen
Ein paar davon auf der Sonnenseite
Am Wasser wo die Bäume stehen
Die meisten im Schatten
Immer schön an den
Schaufenstern
Lang
(1994)

Sonntag
Abenddämmerung
Auf den Rheinwiesen
Spielen drei Frauen Fußball
Lachend in Kopftüchern
Und langen Gewändern
(1996)

Pressekonferenz im Schauspielhaus
Die Intendantin stellt den neuen Spielplan vor
Viele Stücke und ein großes Thema
Die Utopie vom Glück
Die Journalisten fragen
Nur nach Zahlen
(2007)

Vitamine
Mit einem Wägelchen voller Obst
Steigt der Alte am Großmarkt in die Bahn

Müde
Untersetzt
Türkischer Charakterkopf
Sanfte Melancholie

Vitamine!, sage ich
Er lächelt, erklärt
In gebrochenem Deutsch
Dass er die Früchte
Von einem Händler geschenkt bekommt
Bei dem er mal gearbeitet hat

Das Gespräch stockt
Die Bahn fährt
Beredtes Schweigen
Seit an Seit

Beim Aussteigen
Reicht er mir zwei Aprikosen, sagt:
Vitamine!
(2008)

Kennzeichen STA – JH 74

Während ich auf die Straßenbahn warte
Steigt gegenüber am Hotel Doria
Johannes Heesters, 105, ins Auto
Weißer Schopf, roter Schal, brauner Teint

Eigentlich steigt er nicht ein
Er wird mit dem Rücken
Vor die Beifahrertür gestellt und langsam
Ganz langsam hineinbugsiert

Simone Rethel wuselt um den Wagen
Kontrolliert nochmal den Kofferraum
Und los geht die Reise

Gestern, berichten die Zeitungen
Hat Joopi sich hier selbst
Im Museum besucht
(2009)

Olaf Cless
Kulturjournalist und
Programmmacher

Ich kann nichts dafür

ICH KANN NICHTS DAFÜR. Ich bin hier geboren. Ich wollte nie ein Düsseldorfer sein. Weil man dann in der Ferne mit solch abschätzigen Blicken klarkommen muss, die eigentlich keiner Reaktion wert sind, die aber trotzdem schmerzen. Deshalb war ich Zeit meines Lebens überzeugter Bilker. Das heißt, nicht die ganze Zeit. Schließlich haben meine Eltern den scheußlichen Fehler begangen, mich in Heerdt zur Welt kommen zu lassen. Sie zogen erst nach Bilk, als ich sieben war. Seitdem hat es mir dieser Stadtteil angetan.

Weil in Bilk jede Ecke mit meiner Geschichte aufgeladen ist. Wenn ich aus meinem Büro an der Karolingerstraße schaue, sehe ich an der Düssel das Geländer, an dem ich meine erste Freundin geküsst habe. Wenn ich mich aus dem Fenster lehne, kann ich die Stelle entdecken, an der ich mal ins Düssel-Eis eingebrochen bin. Und wenn ich auf dem Balkon stehe, muss ich beim Anblick des Auto-Becker-Schornsteins, auf dem einst der frühe Stuntman Arnim Dahl beim Tag der offenen Tür für atemberaubende Artistik sorgte, daran denken, dass gleich gegenüber, wo jetzt eine Schule steht, mal ein Zirkus gastierte, auf dessen Gelände wir dummes Zeug veranstalteten. Bis ich plötzlich vor einem Lama stand. Das schmatzte, und dann tat es, was Lamas so tun. Ich musste eine geschlagene Stunde in die Badewanne danach. Später bekam ich genau an dieser Stelle mal schwer eins auf die Zwölf. „Dein Fress passt mich nit", hörte ich nur, und dann schepperte es in meinem Gebälk und ich hatte keine Ahnung warum. Auch das war Bilk. Das ist immer noch Bilk. Selbst wenn der gemischten Bürgerlichkeit inzwischen schwer urbane Sprengsel hinzugefügt wurden, wenn immer mehr Möchtegerns sich hier niederlassen, wenn Bilk immer düsseldorferischer wird.

Einmal war ich im Ausland. Da habe ich neun Monate in Oberbilk gewohnt. Ging gar nicht. Bilk bleibt Bilk.

Allerdings stellte ich schon vor einiger Zeit fest, dass die Verwurzelung in Bilk einher geht mit einer Entfremdung von der Reststadt. Wenn ich Freunden ein tolles Restaurant außerhalb von Bilk zeigen will, in dem ich mal gut gegessen ha-

be und nicht beschissen worden bin, dann hat das garantiert seit zwei Jahren zu. Bis Bilk dringt solche Kunde nur selten, weil Bilk ein Dorf, ein Kosmos, ein Universum für sich ist. Manches Mal schon habe ich überlegt, ob man nicht den Freistaat Bilk ausrufen sollte. Dann könnte man von all den Audi fahrenden Pappnasen Eintritt verlangen und sie rauswerfen, wenn sie nerven. Also sofort.

Trotzdem hat auch das Leben in Bilk seine Schattenseiten. Die entstehen, weil die riesenhaften Baustellen der Gesamtstadt ihren Dreck bis vor meine Tür schleudern, weil die Untertunnelung und Verkölnung der Reststadt auch vor meinem Fenster noch zu spüren sind. Ja, Düsseldorf will mehr U-Bahn. Ich nicht. Und dem aus der Nachbarstadt bekannten Wettbewerb „Unser Dorf soll hässlicher werden" mag ich mich auch nicht anschließen. Immer häufiger erwische ich mich beim Desertieren, beim Ausbrechen. Ich fahre dann in die Eifel und genieße dort die Ruhe und die bessere Luft. Noch gibt es immer wieder eine Rückkehr, aber wenn Bilk und seine Rundumbesiedelung namens Düsseldorf nicht bald etwas für sich tun und die alte Würde zurückgewinnen, dann naht der Tag, an dem ich den Weg in die Heimat nicht mehr finde. Also, krieg den Arsch hoch, du geliebte Gegend.

Hans Hoff
hahotext – Pressetexte

Das Große im Kleinen

Düsseldörfchen – Die Stadt der Kinder

SEIT 1989 VERANSTALTET Akki das bekannte und beliebte Sommerferienprojekt „Düsseldörfchen – Stadt der Kinder". Damals waren es 80, inzwischen sind es 270 schulpflichtige Kinder, die ihre eigene Stadt planen, bauen und gestalten und selbständig über die Geschicke und die Entwicklung der dreiwöchigen Ferienstadt entscheiden. Sie wählen für jeweils vier Tage einen Bürgermeister oder eine Bürgermeisterin, sie verdienen (Spiel-)Geld in allen Werkstätten und Ateliers, betreiben Handel und Konsum mit selbst hergestellten Waren, drucken täglich eine eigene Tageszeitung, produzieren Radiosendungen und kreieren Theatervorstellungen fürs Stadttheater. Alles fest in Kinderhand.

Das ist nicht nur eine anschauliche, sehr dynamische und spannende Antwort auf die Fragen: „Wie funktioniert die Stadt?" und „Was ist eigentlich Kultur?" Es ist auch politische Bildung (Wie funktioniert Demokratie?) und Wirtschaftskunde (Warum ist Papa abends immer so müde?). Und das erste Düsseldörfchen war durchzogen mit zahlreichen heimatkundlichen Motiven und Bezügen, die das ganze Spiel bodenständig und plausibel machen. Das ist auch heute noch so. Deshalb hat das Rathaus der Kinderstadt die gleiche Fassade wie das prominente Vorbild in der Düsseldorfer Altstadt. Aufgemalt auf Pappe wiederholt die Spielkulisse die wichtigsten Stilelemente des Vorbildes. Die Düsseldorfer Königsallee mit ihren Modegeschäften und Juwelieren ist ein bekanntes Klischee. Im Düsseldörfchen trägt die einzige Budenstadt-Gasse vor dem Rathaus diesen Namen. Sie bildet die zentrale Mittelachse im Hüttendorf. Neben dem Juwelier und dem Modehaus, in denen Kinder das Outfit der Ministadt-Bürger designen, schneidern und schmieden, haben sich eine Losbude, ein Autosalon und ein Saftladen angesiedelt. Die Düssel im Südpark, direkt neben dem Akki-Haus, riegelt das Spielgelände geografisch ab. Damit markiert der kleine Bach automatisch den Rhein, der die Altstadt nach Westen begrenzt. Folgerich-

tig gibt es auch im Düsseldörfchen von 1989 zwei Brücken über die Düssel, Pardon, den Mini-Rhein, in den Südpark, der an dieser Stelle „Oberkasselchen" heißt.

Die Hütten und Häuser der BürgerInnen von Düsseldörfchen werden anfänglich in der Altstadt gebaut. Doch schon bald ist der Platz hier vollständig besetzt und die Stadt expandiert nach Süden, nach Bilk und Oberbilk, die beiden eher proletarischen Stadtteile hinter dem Akki-Haus und direkt neben der großen Autofabrik, die unterschiedliche Seifenkisten als Transporter, Taxi und Rennwagen herstellt.

Und selbstverständlich hat auch Düsseldörfchen eine Kunstakademie mit zahlreichen StudentInnen und mit einem kleinen Museum in der Altstadt, das auch stadtgeschichtliche Motive präsentiert: Leben und Wirken von Jan Wellem, die weiße Frau im Schlossturm oder die Geschichte der Radschläger. Das Stadttheater von Düsseldörfchen probt für die abendlichen Vorstellungen und die großen Wochenabschluss-Feiern.

Zahlreiche Exkursionen in die richtige, die große Stadt führen uns u.a. ins Schauspielhaus, in die Polizeiwache, natürlich ins Rathaus, in Tageszeitungs-Redaktionen, ins Kunst- und ins Stadtmuseum, in die Bilker Papierfabrik und später auch zum Lokalsender „Antenne Düsseldorf", der uns sogar Sendeplatz überlässt. Überall wird die kleine Delegation der Kinder aus Düsseldörfchen herzlichst empfangen und zur Besichtigung der Örtlichkeiten eingeladen. Gegenbesuche führten prominente Gäste nach Düsseldörfchen: Den Auftakt machte der damalige Oberstadtdirektor Karl Ranz, der engagiert die Fragen der Rathaus-Kinder beantwortete. An diesem Erfahrungsaustausch beteiligten sich in den folgenden Projekten und Jahren u. a. Bürgermeister Klaus Bungert, Bürgermeisterin Marlies Smeets, Oberbürgermeister Joachim Erwin, der Kinderbeauftragte des Landes NRW, Dr. Reinald Eichholz und der damalige Kultusminister NRW, Hans Schwier sowie zahlreiche Fachleute, Handwerker und Spezialisten anderer Berufsbereiche und Disziplinen.

Düsseldorf liefert zahlreiche Motive, Bilder und Geschichten, die sich eignen, ins Düsseldörfchen eingebaut und „ausgespielt" zu werden. In den Jahren seit 1989 entstanden über 15 unterschiedliche Düsseldörfchen-Konzepte, die den Heimatort der Kinder transparent, überschaubar, verstehbar und letztlich durch eigene Erfahrungen vertraut werden lassen. Die Kinder realisieren, dass ihr Zuhause, ihre Schule, ihr Spielplatz, ihre Freundschaften, ihre Musikschule oder ihr Sportverein nicht vereinzelte Ereignis-Inseln in einer unbekannten großen Ortschaft sind, sondern Teil einer großen Siedlung, die Düsseldorf heißt, die gewachsen ist, eine Geschichte hat, aus vielen zusammenhängenden Aspekten (Kultur, Politik, Wirtschaft, Soziales) besteht, die man entdecken und mitgestalten kann. Die Stadt im Kleinen ändert auch heute noch nachhaltig die Sicht der Kinder auf die große Stadt, in der sie leben. Düsseldörfchen macht kompetent und stark, aktiv an der Stadt-Kultur teilzunehmen und liefert Kindern immer wieder neu elementare Erfahrungen auf die zentrale Frage: „Wie funktioniert die Stadt?" Für mich als erwachsener Düsseldorfer jedoch ist klar: Sie funktioniert nicht ohne ihre Kinder.

Christoph Honig
Kultur- und Kunstpädagoge/AKKI e.V.

Liebeserklärung an Düsseldorf

SEIT MÄRZ 1947 wohne ich in Düsseldorf. Mit Unterbrechungen wegen Studium in Frankreich und Beruf in Australien, tue ich das heute immer noch.

Nur ist es nicht mehr das schlimme Bahnhofsviertel meiner Kindheit, sondern seit 1974 Kappes-Hamm. Dazwischen gab es Stationen in der Pfalzstraße Derendorf, im Musikantenviertel Hilden, in der Arnheimer Straße Kaiserswerth, in der Neusser Straße in Bilk. Aber es war, selbst mit der Episode in Hilden, immer Düsseldorf.

Im außerordentlichen Kaiserswerth und auf der grünen Wiese in Hilden war ich ein um das Baby besorgter Jungvater, in Bilk habe ich geliebt, in Hamm bin ich endgültig heimisch geworden. Ich wurde ein Liebhaber der Stadt, die ich seit 1974 besinge.

Neulich fragte mich nach einem guten Essen im Olio beim Bezahlen eine sehr schöne junge Dame: „Willst du dich freikaufen?" „Nein", sagte ich, „Ich will dein Gefangener bleiben."

So geht es mir mit dieser Stadt, ich werde ihr Gefangener bleiben bis ans Ende.

1947 kam mein Vater in eine wüste Stadt, in der man an der Helmholzstraße schnell einige Häuser hochgezogen hatte. Heute ist in dem Haus meiner Kindheit ein Puff. Wir Kinder wussten noch nichts von der Liebe, wir fochten mit Gardinenstangen auf Trümmermauern der Luisenstraße, wir waren Zorro oder der Graf von Monte Christo, der Bahndamm davor oder dahinter sagte uns nichts. Zur Schule ging ich durch den finsteren Tunnel in die Ellerstraße. Sie wurde die Straße meiner ersten großen Aufregung, aber es waren nicht die Damen vom Oberbilker Damm, es war mein Abitur auf dem Geschwister-Scholl-Gymnasium. Eine merkwürdige Fügung wollte es, dass ich meine letzten zehn Berufsjahre an der Schule meiner Jugend zubrachte, diesmal auf der anderen Seite als Lehrer.

Die Schönheit von Kaiserswerth ließ mich als jungen Assessor, der zu viel mit seinem Beruf zu tun hatte, kalt. Auch Derendorf begriff ich noch nicht. Erst in Bilk fing es langsam an: meine besondere Beziehung zu Düsseldorf, aus der eine heiße Liebe wurde.

Vielleicht muss man um die Welt herumgereist sein, um das Allernächste zu lieben.

Heute habe ich einen inneren Stadtplan von Düsseldorf vor Augen: das erste Eis am Fürstenplatz, die erste Fahrradtour in die Hüttenstraße, die erste Liebe auf der Graf-Adolf-Straße, die Jazzband neben „Da Bruno" am Stresemannplatz. Ich kannte bald alle Kinos, die großen: Residenz, Kamera, Asta Nielsen, Alhambra, Europa, Berolina, aber auch alle Vorstadtkinos, weil meist dort, in der Skala, Kölner Straße, z. B. die für uns Jungen aufregenden Filme mit Martine Carol und Françoise Arnoul liefen. Sittenfilme hießen sie, und der Name allein erzeugte wohlige Schauer.

Der Stadtplan ist immer voller geworden, ich fahre heute meilenweit für das beste Eis, den besten Kaffee, die beste Pizza, die besten Spaghetti. Ich weiß, warum die Düssel auf der Kö den Berg hinauf von Cornelius nach Graf Adolf fließt, auf welchem Kopf die Landeskrone sitzt, welchen Schlüssel der Gatzweiler in der Hand hält, ich weiß, warum Sylt, Norderney und Juist in Unterrath zu finden sind, warum die Bilker mit Karolingern und Merowingern zu tun haben.

Aber …

So ist das mit der Liebsten, man glaubt, sie zu kennen, aber sie entschwindet immer wieder im Trubel der Shoppingmeilen, sie ärgert mich mit ihren Hostessen, den Ordnungsfreaks, den grölenden Komasäufern. Ich will immer mehr von ihr, ich will ihre Geheimnisse, ich will wissen, wie sie aufwacht und wo sie schläft.

Seit 1988 habe ich angefangen, sie kennen zu lernen. In mehr als zweitausend (ich hab sie gezählt) Wanderungen, Exkursionen, Touren, zu Fuß, zu Rad, mit Bus, Kutsche, Schiff, Bahn oder Auto, mit Büchern habe ich meine Geliebte erforscht. Heute wandere ich in Reisholz, Lierenfeld oder Unterbach. Ich werde nie müde, ich werde nie aufhören, ich kenne sie immer noch nicht ganz.

Und was ist nun ihr Geheimnis? Was ist ihre Schönheit? Ich weiß es nicht.

Aber keiner hat es besser gesagt als Heine, wenn er an sie denkt. Auch mir wird immer noch „ganz wunderlich zu Mute", „ich muß zu ihr", ich muss „gleich nach Hause gehen".

Dieter Jaeger
Stadt-Erklärer

Love you – Dazzledorf *

Ich bekenne, eine Hergeluoppene (hochdt.: Zugezogene) zu sein – aus Remscheid im Bergischen Land.

Mein erster Besuch in Düsseldorf fand 1963 mit meiner Volksschulklasse (ja, so hieß damals die Primarstufe) statt. Es ging von Remscheid zum Flughafen Düsseldorf, wo wir stundenlang auf den Start eines Flugzeugs gewartet haben – heute genieße ich die außergewöhnliche und praktische Nähe des internationalen Flughafens für spontane Reisen.

Danach glitt Düsseldorf wieder für viele Jahre aus meinem Fokus.

Im Jahr 1975, nach meinem Abitur, stand die Entscheidung für meinen Studienort an: Die meisten meiner Abiturkollegen entschieden sich für das nahe Köln, ich aber wählte die damals noch junge (und noch namenlose!) Campus-Uni Düsseldorf – eine der besten Entscheidungen meines Lebens, denn ich bestimmte damit – damals noch unbewusst – die rheinische Landeshauptstadt zu meinem zukünftigen Lebensmittelpunkt. Hintergrund meiner Entscheidung mag gewesen sein, dass in meiner calvinistisch geprägten Heimatstadt Remscheid bezüglich Düsseldorf die Überzeugung bestand, dass dort kulturelles und sonstiges Vergnügen sehr intensiv gepflegt würden. Es kann auch sein, dass ich schon damals etwas von dieser amüsanten Konkurrenz zu Köln mitbekommen hatte, derer ich heute gern fröne, wenn diese denn humorvoll und auf hohem Niveau daherkommt. Mit meiner Studienortwahl wollte ich wohl schon damals eindeutig Stellung beziehen.

Es ging also von den genügsamen Höhen des Bergischen Landes, wo damals „Sparen und sich Einschränken" alles bestimmende Lebensprinzipien waren, ins rheinisch-feierfreudige, leichtlebige Düsseldorf, wo jede Vergnügung so lang wie nur möglich ausgewrungen wird.

Also suchte ich in Düsseldorf eine Studentenbude und fand diese schließlich in der Degerstraße in Flingern – eher zufällig und wegen der günstigen Miete für eine Parterre-Wohnung (Deckenhöhe fast 4 m!) mit Ofenheizung.

Meine Mutter, die eigentlich fast nichts von Düsseldorf wusste, meinte schon, dass ihr wohl bekannt sei, dass Flingern nicht gerade ein gutes Wohnviertel von Düsseldorf sei, aber für mich finanzschwache Studentin sei das schon in Ordnung.

Nach Abschluss meines Studiums war ich schon längst so „eingeflingert", dass für mich kein anderer Stadtteil mehr als Wohnort in Frage kam. Schließlich zog ich glücklich in der Degerstraße vierzehn Hausnummern weiter in eine jener lichtdurchfluteten Wohnungen mit Zentralheizung und normaler Deckenhöhe, wie sie jetzt von Immobilienunternehmen als „Sahnestück im neuen Szeneviertel Flingern" angepriesen werden.

Damit ist Flingern ins auswärtige Interesse gekommen. Amüsant sind dabei oft die Bezeichnungsprobleme der noch Fremden: Wann ist „Flinger", wann „Flingeraner" korrekt? Da hilft eben nur die Intuition der Flingeraner, die natürlich Anfang Juni zum Flinger Straßenfest gehen – ein Muss, weil fast alle schon tot geglaubten Flingeraner dort wieder auftauchen, und weil es echt multikulti ist.

Während meines Studiums der Geschichtswissenschaft war Lokalgeschichte als „rechtslastige Heimatduselei" verpönt, aber ich habe mich trotzdem bald für die Geschichte meines Wohnviertels interessiert und vieles über dessen Bedeutung für die Geschichte der Stadt Düsseldorf erfahren.

Seit mehr als 20 Jahren biete ich Führungen durch Flingern an und dabei geht es zu den vielen Orten im Viertel, wo sich Wichtiges ereignet hat. Selbst gebürtige Flingeraner sind oft erstaunt darüber, wie viel Bemerkenswertes über ihr Wohnviertel zu erfahren ist.

Und nun hat Flingern auch noch die stolze Freude, einen erfolgreichen Olympioniken im Viertel zu haben: Richard Adjei hat als Anschieber des Bob Deutschland II in Vancouver 2010 die Silbermedaille gewonnen.

Da in Düsseldorf vieles großartig ist, aber nichts davon in großer Entfernung voneinander liegt, bin ich in nur 20 Minuten z.B. am Rhein, wo ich an der Promenade das Flanieren internationaler Gäste betrachte und mich der Besucher vom Niederrhein und aus dem Ruhrgebiet erfreue, die offenbar keine Mühe gescheut haben, sich für den Tagesausflug in die Landeshauptstadt angemessen aufzubrezeln.

Düsseldorf ist eben die überaus gelungene Kombination aus Tradition und Weltoffenheit; ein typischer Charakterzug der Düsseldorfer ist deren Toleranz.

Ich Hergeluoppene bin also bewusste Wahl-Düsseldorferin und glückliche Wahl-Flingeranerin geworden – und als solche bekanntlich mindestens genauso überzeugt von Düsseldorf wie die „Eingeborenen".

Love you – Dazzledorf*!

Susanne Klein
Historikerin und Stadt-Erklärerin

* In Anlehnung an: Charles Wilp: Dazzledorf. Fotografie und Texte. Melzer, Dreieich 1979.

Denk ich an Düsseldorf ...

MEIN LIEBES DÜSSELDORF, als mich der Herausgeber vor geraumer Zeit bat, über Dich, Du Schöne, zu schreiben, und meine Gefühle zu Dir zu Papier zu bringen, da glaubte ich zunächst ernsthaft, nichts sei einfacher als das. Denn spontan schienen alle Dämme zu brechen und intuitiv wollte ich meine Zuneigung geradezu wollüstig zu Dir beschreiben – es alle wissen lassen, wir sehr ich Dich in meinem Herzen trage. Denn ich sah Dein Potential vor meinem geistigen Auge, Deine Macht und Mächtigkeit, und all das, worüber ich gerne und mit Stolz erzähle, was Dich betrifft. Lauter schöne Gedanken also an Dich, teils flüchtig, teils intensiv, in Tausenden von Eindrücken und Bildern festgehalten – eine ganz besondere Beziehung zu Dir, die durch die wundersame Mischung aus Geborgenheit und Wohlgefühl hervorgerufen wird. Mein Düsseldorf halt.

So ging ich in mich: Geboren in Dir, zwar nicht in der Retematäng, sondern, eher profan, in der Universität, stellte ich schon in frühen Jahren fest, dass dies wohl die schönste Stadt der Welt sein muss. Dass Du in der Tat etwas Besonderes bist, lernte ich rasch, als mir Kinder in einer anderen Stadt, wo ich mit meinen Eltern einmal zu Besuch war, zusangen: „Wärst Du doch in Düsseldorf geblieben." Ich habe damals weniger Empörung empfunden, sondern bei mir gedacht, dass Du tatsächlich etwas Großes, etwas Herausragendes bist, wenn sogar solche dahergelaufenen Blagen aus der Fremde Deinen Namen kennen und somit augenscheinlich um Deine Bedeutung wissen.

Ich sollte den größten Teil meines bisherigen Lebens mit und in Dir verbringen – sorg Dich nicht, ich gedenke dies nicht zu ändern. Denn ich lerne – mit Freude – noch fast jeden Tag dazu, über Dich und somit auch den Rest der Welt. Dass Du jedenfalls anders bist. Denn sah ich über die Jahrzehnte auch Dörfer zuhauf, so fand ich kein zweites, das Deine Größe und Deine Ausstrahlung besitzt. Überhaupt fand ich nie eine andere größere Stadt, die sich Dorf nannte und gleichzeitig so umgreifend und schön ist. Der Philosophie nur wenig zu-

geneigt, kam ich mit den Jahren ins Grübeln, ob dies aber vielleicht auch Deine Gespaltenheit und Zwiespältigkeit ausmacht. Und so bist Du für die einen – richtigerweise – eine Metropole, für die anderen – fälschlicherweise – nur ein Dorf. Reflektion der Realität? Irgendwo zwischen Selbstüberschätzung und Häme – auch das bist Du, mein Düsseldorf.

Wer nun unterstellend denkt – schließlich antizipiert der Rheinländer gern und lässt andere ungefragt an seinen Schlussfolgerungen laut und nicht selten krachend teilhaben –, ich sei wohl nie oder selten gereist und somit wenig weltgewandt, dem sei versichert, dass ich eine ganze Weile meines Lebens außerhalb der Dorf-, pardon: Stadtmauern verbrachte. Ob in Deutschland oder auch anderswo. Doch sobald ich weg war, geschah es nicht selten, was einem anderen, dem größten Deiner Söhne, widerfuhr: Ich vermisste Dich rasch und aus der Ferne überkam mich wehmütige Sehnsucht. Wie zeitlos doch das Gefühl für Dich sein kann, das Heinrich Heine und mich eint, und im Abstand von mehr als 183 Jahren uns beide immer wieder nach Hause gehen lassen will …

Meinen Respekt verdienst Du, mein Düsseldorf, aber auch aus anderen Gründen. Denn man hatte es Dir am Anfang gar nicht leicht gemacht und Dich einfach Stadt geheißen, obwohl Du zunächst so klein, so unscheinbar warst. Eine Auszeichnung gewiss, aber mit rumpliger Begründung und weit entfernt von Residenz, Pomp und Aufstreben. Dafür musste erst

Jan Wellem kommen. Bis in die heutige Zeit musst Du Dich mitunter noch dafür rechtfertigen, dass Gerresheim und Kaiserswerth Dich in Alter schon immer und an Bedeutung zumindest zu gewissen Zeiten um Längen geschlagen haben. Aber auch dies perlt an Dir ab – zu Recht. Zumal Du stets wahrhaft geblieben bist, die Vorstädte einfach unter Deine Fittiche genommen hast und das Jahr der Stadterhebung nie schöntest. 1288 ist, was zählt.

Dabei sagt Alter ohnehin recht wenig aus, meine Liebe. Denn meine zweite Heimat, Trier, war einst eine Weltstadt und behauptet keck, älter als Rom zu sein. Aber wie viele Menschen haben mich schon gefragt, wo dieses beschauliche Örtchen am Ufer der Mosel liegt. Bei Dir, Du Dorf am Flüsschen Düssel, das irgendwo im Bergischen entspringt, um sich in der Altstadt recht profan mit dem Rhein zu vereinen, ist mir dies noch nie passiert. Im doppelten Sinne schlimmsten Falle kam mitunter die Nachfrage, ob Du wohl in der Nähe der Stadt mit einem Dom liegest. Ein schrecklicher Vergleich. Aber was wärest Du, was wären wir, Deine Einwohner, beraubte man uns dieser sorgsam kultivierten Rivalität?

Wenn es uns zu bunt wird, dann geben wir halt ein bisschen mit Dir an. Beruhigend zu wissen, dass wir dies aus dem Stegreif können. Weisen darauf hin, dass Du Residenzstadt warst und die Landeshauptstadt bist. Das hebt ungemein und schien mir immer etwas Außergewöhnliches zu sein, was schon meine Eltern, Zugereiste wohl gemerkt, glücklicherweise stets zu verstärken wussten.

Du bist Du. Größere Großstadt mitten in Europa, die aber nie zum Moloch verkommen ist. Weit entfernt von einer Millionen-Population und doch umschlungen von Millionen Menschen. 25,5 Kilometer lang von Norden nach Süden und 17,6 Kilometer von Osten nach Westen. Eine beachtliche Größe und doch überschaubar, wenn man sich Deiner annimmt. Großzügig in den Ausgestaltungen von Alleen und Straßenzügen, jedoch nicht zersiedelt. Du erlaubst Dir in Deinen Grenzen Hochhäuser mit Straßenschluchten ebenso wie Oasen der Ruhe. Fast sind es zwei Welten, wenn man sich auf den Weg begibt von Deinem Herzen, der Innenstadt, nach Himmelgeist, nach Wittlaer oder umgekehrt. Das pralle Leben hier – wie in der Altstadt –, die Beschaulichkeit einer Kleinstadt, des Dorfes – wie in Kaiserswerth, Benrath oder Lohausen. Die Magie der sich anziehenden Gegensätze. Dafür braucht man keine unterschiedlichen Städte. Das alles gibst Du, mein Düsseldorf.

Meine Liebe, Du Schöne, ich komme zum Schluss meiner Ausführungen. Ich werde Dich nun nicht sezieren, um einzelne Plätze zu nennen, die so einzigartig sind, dass sie für Momente aller Ewigkeit taugen. Du bist ein Ganzes, das man er-leben muss, um es zu verinnerlichen. Wenn man sich etwas Mühe gibt, Dich zu begreifen, dann machst Du Freude. Denn Du, mein Düsseldorf, Du bist so vieles unter einem einzigen Namen, in Facetten, die man nirgends findet, die Dein sind und die Dich selbst an einem trüben Novembertag so wunderbar glänzen lassen. Möge es, bei aller Veränderung, die die Zeiten mit sich bringen, immer so bleiben und man Dir noch viele Generationen nach uns den gleichen Respekt und die gleiche Zuneigung entgegenbringe. Auf dass es ihnen immer wieder aufs Neue wunderlich zu Muthe (sic!) wird.

Tom Koster
Pressesprecher 2. Bundesligist Fortuna Düsseldorf

Düsseldorf ist gar nicht so ...

ICH FAHRE JEDEN TAG NACH DÜSSELDORF – ich komme aus Köln. Aus dem Fenster neben meinem Schreibtisch richtet sich mein Blick nach Süden durch den Hofgarten: Im Winter geben die kahlen Bäume den Blick frei auf den weißen Bühnenturm des Schauspielhauses. Um die weit in den Himmel aufragende Säule des metallisch glänzenden Dreischeibenhauses bis zur Dachkante sehen zu können, muss ich schon den Kopf in den Nacken legen. Ein dichtes Astgewirr verdeckt die Häuserzeile am Jan-Wellem-Platz, um weiter westwärts über den Häusern am Ende der Königsallee den Blick auf einen weiten Himmel freizugeben.

Dieser Blick – das Spiel von treibenden Wolken, von Sonnenstrahlen auf blitzenden Autoscheiben, von leicht im Wind schwingenden Platanenästen – lässt Atem schöpfen. Stadt und Natur, Nähe und Distanz scheinen in einer wunderbaren Balance – wenn nicht gerade eine Straßentrasse durch den Hofgartenrand getrieben werden soll, ohne dass jemand rechtzeitig darauf hingewiesen hätte. Dann erhitzen sich die Gemüter.

Es hätte auch gut gehen können, es hätte erst auffallen können, wenn nichts mehr zu ändern gewesen wäre: ein rheinisches Spiel mit den Möglichkeiten. Wer sich zuerst bewegt, hat zumindest den schwarzen Peter.

Düsseldorf: Das Bild Düsseldorfs in der Öffentlichkeit – das heißt nicht nur in Köln – entspricht in etwa der Art, wie der Kabarettist und Schauspieler Jochen Busse den Namen „Düsseldorf" ausspricht: das Ü mit genüsslich gespitzten Kusslippen, das Doppel-S lang gedehnt, mit einer Pause nach dem L, bevor dann das „Dorf" trocken und flach, fast verächtlich herausgeschleudert wird, um den Eindruck der ersten beiden Silben gänzlich wieder aufzuheben.

Düsseldorf ist oberflächlich, genusssüchtig, Schickeria, ist der Eindruck, den der Außenstehende nur zu gerne wiedergibt – mit leicht emporgezogenen Augenbrauen: nun ja, Düsseldorf eben. „Der Düsseldorfer hat von Hause aus eine heitere Lebensauffassung, er ist vergnügungssüchtig bis zum

Leichtsinn, lebt seinen Schlendrian bis zur Faulheit, er lässt sich keine grauen Haare wachsen um den kommenden Tag, er genießt das Heute." (Hans Müller-Schlösser: Der Düsseldorfer. In: Hans Müller-Schlösser: Die Stadt an der Düssel. Düsseldorf 1949, S. 9.) So beschreibt der Düsseldorfer Autor Hans Müller-Schlösser sich und seine Mitbürger, beschränkt aber dieses Urteil auf den „echten, eingeborenen Düsseldorfer" und schließt die Zugereisten, Hergelaufenen, die „Immis" genannten Immigranten verschiedener historischer Phasen aus. Könnte ich bitte trotzdem – nach 30 Jahren täglichem Aufenthalt, nach einer Jugend in Neuss (von wo aus man doch nach Düsseldorf gucken konnte und eben mal mit der Straßenbahn über die Südbrücke – jetzt ja: Kardinal-Frings-Brücke – schliddern konnte) –, könnte ich doch ein Düsseldorfer sein? Ich weiß: Düsseldorf ist anders – besser als sein Ruf, sein Image. Ich sage es auch jedem, der seine schlechte Meinung von Düsseldorf hat: Ja, nee .. Düsseldorf ist gar nicht so … Also, ich bin gerne hier …

Winrich Meiszies
Leiter des Theatermuseums der Landeshauptstadt
Düsseldorf

Novemberkind

AM 13. NOVEMBER 1940 kam ich in Düsseldorf-Kaisers-
werth nahezu fürstlich in diese Welt. O-Ton meiner Mutter
in ihrem Tagebuch: „Die Flak schießt mal wieder furchtbar
und unser Söhnchen wird wie ein Erbprinz mit Böllerschüs-
sen empfangen." Das hört sich heute sehr sarkastisch an.
Es muss neblig gewesen sein an jenem Tag, denn seit langer
Zeit – schon seit der Kindheit – gefallen mir Herbst und die
leichten Nebel über der Düsseldorfer Niederrheinlandschaft.
Andere sind betrübt und sehnen die Sonne des Frühlings und
des Sommers herbei. Die gefällt mir auch, aber ich mag die
Melancholie, die den Herbsttagen innewohnt, ohne selber darüber schwermütig zu werden. Denn in vielfältiger Weise habe ich verinnerlicht, ein Rheinländer im Allgemeinen und ein
Düsseldorfer im Besonderen zu sein – mit einem Köl(ni)schen
Vater und einer Hamburger Mutter! Das bekannte rheinische
Grundgesetz mit der Summe aller Lebenserfahrung „et hätt
noch immer jot jegange" ist mir durchaus aller Ehren wert.
Was machte einem Düsseldorfer, der bis zum Abitur 1960 in
seiner Geburtsstadt lebte, den Ort für so lebenswert, dass er
ihn pries und gegen Anwürfe verteidigte? Die reiche Kunst-
szene zum Beispiel, die auch Schüler faszinieren konnte, wie
etwa die Gruppe „Zero" (Heinz Mack war eine Zeit lang mein
Kunstlehrer an der „Penne"). Oder die Inszenierungen von
Gründgens und Stroux im alten Schauspielhaus an der Jahn-
straße. Oder die Internationalen Wochen, in denen die ge-
samte Stadt für einige Tage einem Land oder einer Stadt aus
dem europäischen Ausland zugetan und davon geprägt war.
Oder die Eishockeyspiele, als die DEG an der Brehmstraße
noch ohne schützendes Dach kämpfte und die Fans frierend
und oft bei Regen ohne Ende zumeist Niederlagen um Niederlagen gegen die übermächtigen Bayern einstecken mussten,
ohne dass dies die Begeisterung entscheidend dämpfte. Toni Biersack, Verteidiger beim SC Rießersee (noch heute Lieb-
lingsverein der DEG aus alten Zeiten), der stoisch und robust
seine Arbeit machte, ist mir in Erinnerung. Statt des heute
obligatorischen Helmes zierte seinen Kopf eine Zipfelmütze.

Wenn er die im Kampf verlor, wurde es heftig auf dem Eis.
Kann sein, dass ich in den bald 25 Jahren, in denen ich nach
dem Abitur nicht in Düsseldorf lebte, eine ungestillte Sehnsucht in mir trug, die mich für die Rückkehr im Jahr 1984 erst
reif machte. Nie war ich – von wenigen Auslandreisen abgesehen – sehr weit weg von Düsseldorf, aber doch nicht mehr
in der Stadt alltäglich präsent. Nach der Rückkehr habe ich
die alte Welt in Neuem intensiv erfahren und entdeckt, nicht

zuletzt durch meine Rundgänge, bei denen nicht nur die Teilnehmenden, sondern auch ich stets mehr sehen können als das Offensichtliche. Ich genieße die Stadt seit meiner Rückkehr in vollen Zügen und möchte andere daran teilhaben lassen – mit einigem Erfolg, wie manche zugeben werden.

In die Rückkehr mischte sich die heitere Melancholie des Novemberkindes. Da gibt es einen weiteren Ort, den ich immer wieder gerne besuche und anderen zeige und der ebenfalls seinen eigenen Reiz im leichten Nebel offenbart: der Nordfriedhof. Mag sein, dass ich als ehemaliger evangelischer Pfarrer – geboren übrigens am Tag des Hl. Augustinus –, der sehr viele Menschen beerdigt hat, eine gewisse Affinität zu Friedhöfen entwickelt habe. Davon abgesehen, dass gerade der Nordfriedhof ein offenes Düsseldorfer Geschichtsbuch ist, erinnern Friedhöfe doch an die Endlichkeit unseres Daseins. Aber der Tag des Abschieds bleibt – fast immer – im Ungewissen. Da halte ich es mit Wolf Biermann: „Dann geh'n wir weiter und denken noch beim Küssegeben: Wie nah sind uns doch manche Toten, doch wie tot sind uns manche, die leben!"

Nebenher: Es gibt eine weitere Stadt, die mich seit meinem ersten Besuch 1982 in ihren Bann zieht, die ein Sehnsuchtsort wurde, den ich nach Möglichkeit einmal im Jahr besuche: Istanbul. Eine Stadt, die an jedem Abend zu sterben scheint, um am nächsten Morgen wieder aufzuerstehen. Ich liebe den Nebel über dem Bosporus in den Herbsttagen, vielleicht, weil der ganzen Stadt besonders dann eine eigentümliche Melancholie zu eigen ist. Doch auf Dauer dort wohnen? Kaum. Wenn schon in einer anderen Stadt, dann in Berlin. Aber darum Düsseldorf verlassen?

Auch der Nebel der Verklärung hat sich gelichtet und gibt den Blick nun frei auf die ganze Stadt. So wie sie ist: Modern und altbacken, aufgeblasen und kleinkariert, großstädtisch und dörflich, herzlich und muffig und, und, und ... Eine Stadt wie viele, aber einzigartig Düsseldorf!

Wulf Metzmacher
Stadt-Erklärer, Autor

In Düsseldorf trappeln noch die Pferde

VOR NUNMEHR FAST 60 JAHREN wurde ich als echter Düsseldorfer Jung in dieses schöne Fleckchen Rheinland hineingeboren. Seit meiner Jugend lebe ich im dörflichen Volmerswerth. Wer hier aufgewachsen ist oder sich ein wenig mit der Geschichte des Stadtteils beschäftigt hat, weiß, dass Volmerswerth in frühen Zeiten eine vom Rhein umflossene Insel namens Insula Volmari war, direkt vor den Toren Düsseldorfs. Aber das ist schon sehr, sehr lange her.

Ich wuchs als Sohn von Gastwirteltern im Traditionslokal „En De Ehd" auf, als in Volmerswerth noch sehr viel Landwirtschaft betrieben wurde. Hier fand nach getaner Arbeit ein nicht unwichtiger Teil des Dorflebens statt. Es wurde erzählt, gelacht, gesungen und vielleicht auch mal gestritten. Doch am Ende war man sich dann wieder eins.

So sehr mir das bunte Leben in der Gaststätte gefiel, wichtiger war für mich, dass mir der Garten hinter dem Lokal die Möglichkeit bot, mein erstes Pferd, einen Hengst, zu beherbergen. Er hieß Joachim und war der Beginn einer großen Leidenschaft für die Reiterei und das Kutschenfahren, von der ich nicht mehr loskommen sollte.

Mittlerweile hat sich vieles in Düsseldorf verändert. Volmerswerth ist auch nicht mehr so dörflich, wie ich es aus meiner Jugend kenne und viele Menschen, die gerne in der Nähe des Rheins wohnen, haben dazu beigetragen, dass sich das Aussehen des Stadtteils gewandelt hat. Dennoch ist viel Traditionelles geblieben. Die Gaststätte „En De Ehd" schenkt noch heute das leckere Altbier aus, in der Kirche St. Dionysios wird gerne geheiratet, selbst wenn man nicht aus Volmerswerth kommt, und das Feiern zu Anlässen wie Kirmes, Kirchweih oder Karneval hat man auch noch nicht verlernt.

Ich glaube, die Verbindung aus Tradition und Zeitgeist macht den heutigen Charme des Stadtteils Volmerswerth aus. Und so verhält es sich wohl auch mit der Stadt Düsseldorf.

Ein Gedanke, der mir gefällt.

Daher hatte ich mir vor einigen Jahren vorgenommen, den Bewohnern und Besuchern unserer Stadt die Landeshaupt-

stadt am Rhein aus einer anderen Perspektive zeigen zu wollen. Ich erinnerte mich, dass zu Beginn des 20. Jahrhunderts die letzte Pferdetram ihre Runden durch Düsseldorf gezogen hatte, bevor sie durch die elektrische Straßenbahn ersetzt worden war.

Doch wie erlebten seinerzeit die Fahrgäste einer Pferdetram oder Pferdekutsche das „Dorf an der Düssel"? Vieles war gemächlicher, ruhiger und dabei direkter. Man konnte Düsseldorf nicht nur sehen, sondern auch hören, riechen und fühlen; eben mit allen Sinnen genießen.

Dieses Gefühl wollte ich wiederfinden und zusammen mit den Stadterklärern der Geschichtswerkstatt Düsseldorf boten wir, fast genau 100 Jahre nachdem die letzte Pferdetram ins Depot gezogen wurde, die erste Stadtrundfahrt per Kutsche an. Der ersten Rundfahrt folgte die zweite, die dritte und viele, viele mehr. Was konnte einem Pferdenarren wie mir

Besseres passieren, als seine Passion zur Profession machen zu dürfen.

Noch heute ziehe ich mit den Pferden Mona und Lisa meine Runden durch Düsseldorfs bekannte Altstadt, durch den modernen MedienHafen und traditionelle Stadtteile nahe des Rheins. Wir besuchen den Schwanenspiegel, den Kö-Graben und den Hofgarten. Dabei berichten wir Stadterklärer unseren Gästen nicht nur Wissenswertes, sondern auch viel Unterhaltsames zum Staunen und Schmunzeln. Denn wer weiß schon, dass sich im 19. Jahrhundert die „Rettungsanstalt Düsselthal für Waisenkinder" durch „Echt Kölnisch Wasser" finanzierte, welches an der Düssel gebraut wurde. Ein Umstand, der so manchem Kölner nicht gut riechen wird.

So vielfältig wie das Leben in Düsseldorf, so vielfältig sind die Menschen, die hier leben oder zu uns in die Kutsche steigen und allzu oft erlebe ich Szenen wie diese, an die ich mich immer wieder gerne erinnere:

Kind: „Wie alt ist das eine Pferd da?"
Kutschenfranz: „Das ist die Mona, die ist genau sieben Jahre alt."
Kind: „Und wie alt ist das andere?"
Kutschenfranz: „Das ist die Lisa, die ist erst 6 Jahre und 5 Monate alt."
Kind (erfreut den Vater anschauend): „Dann ist die ja schon fast halbsieben."

Franz Mindergan
„Kutschenfranz" (Stadtrundfahrten mit der Kutsche)

Mein Düsseldorf ...

ES STAND EINMAL ein kleines Haus auf der Neusser Straße, fast genau dort, wo heute das Portobellohaus in den Himmel ragt, unweit der Straßenbahnhaltestelle „Stadttor", nur ein paar Schritte entfernt vom Fernsehturm. In dem Haus lebten und liebten, arbeiteten und studierten gemeinsam eine Handvoll Menschen über Jahre hinweg in einer großen Wohngemeinschaft ...

Jenseits von Königsallee, Altstadt und MedienHafen, von Konzernzentralen, Banken und Konsumtempeln gab und gibt es in unserem Dorf an der Düssel immer auch eine andere Seite. Menschen, die sich für nicht profitorientierte, alternative Lebens-, Arbeits- und Wohnverhältnisse eingesetzt haben und sie zeitweise auch realisieren konnten. Soziale Bewegungen, die gar nicht so recht dem weit verbreiteten Image der schicken, schönen und reichen Metropole am Rhein entsprachen.

Vor der Nazizeit waren es die Arbeiterbewegung mit ihren Organisationen und Vereinen, die Konsum- und Wohnungsgenossenschaften. In der Altstadt steht noch das alte „Volkshaus", das „Consum" an der Ronsdorfer Straße war früher wirklich einmal die Zentrale der Konsumgenossenschaft und in Vennhausen gibt es noch heute die „Siedlung Freiheit". Ende der sechziger, Anfang der siebziger Jahre ging die Bewegung eher von den Studierenden an den Hochschulen aus. „Mehr Demokratie wagen", „Kultur für alle", „selbstbestimmtes Leben" waren die Schlagworte. Neben den Parteien gab es plötzlich auch Bürgerinitiativen, die die Gesellschaft mitgestalten wollten.

In Düsseldorf wurden Häuser (Volmerswerther Straße, Kiefernstraße) besetzt, Kollektivbetriebe (BilkerBasisBuchZentrale, Druckerei Tiamat, erste Bioläden) gegründet und Raum für politische und kulturelle Projekte geschaffen (Initiativenhaus Martinstraße, Kulturzentrum zakk) – meist verbunden mit einer Kritik der herrschenden Verhältnisse und der Idee von einer besseren Gesellschaft. Menschen gingen auf die Straße, um sich für bessere Ausbildung zu engagieren, für

Abrüstung zu demonstrieren und gegen Atomkraft zu protestieren. Die „neuen sozialen Bewegungen" brachten neue Impulse in die Gesellschaft und demonstrierten die praktische Umsetzbarkeit.

Eines der gelungensten Projekte war die „Aktion Wohnungsnot". Hintergrund waren die steigenden Studierendenzahlen und hohe Mieten, da gerade in Bilk zunehmend Wohnungen in Büroraum umgewandelt wurden. Aus Spekulationsgründen standen Wohnhäuser leer. 1972 wurde auf der Kronprinzenstraße das Haus Nr. 113 besetzt, die große Solidarität und praktische Unterstützung durch die Nachbarn verhinderte eine Räumung. Die Stadt, der das seit Jahren leer stehende Haus gehörte, ließ sich auf Verhandlungen mit den Studierenden ein und überließ ihnen das Haus zum Wohnen.

Ein Jahr später wurde aus der Initiative ein richtiger Verein (AWN) gegründet und nach und nach stellte das Liegenschaftsamt weitere Häuser, die im Zusammenhang mit städtebaulicher Planung leer standen und später einmal abgerissen werden sollten, den jungen Leuten zur Verfügung. Die Abmachung war einfach: Keine Miete, dafür wurden alle laufenden Kosten von den Bewohnern übernommen, inklusive der Instandhaltung und Renovierung. Falls die Stadt das Grundstück für Baumaßnahmen brauchte, verpflichteten sich die „Mieter" zum Auszug und die Stadt stellte Ersatzwohnraum bereit. Die Häuser wurden von der AWN verwaltet und es entstanden zahlreiche Wohngemeinschaften für Studierende, Schüler und Auszubildende.

In der Hochzeit, Ende der 70er Jahre verfügte die AWN zeitweise über mehr als 30 Häuser in Bilk (Neusser Straße, Martinstraße, Kronprinzenstraße), Gerresheim (Kölner Tor, Am Wallgraben), Lohhausen (Hühnefeldstraße), Reisholz (Buchenstraße) und Benrath (Hauptstraße), später kamen in Rath die Häuser auf der Theodorstraße hinzu. Neben dem preiswerten Wohnen engagierten sich die Bewohner meist auch im Stadtteil und beschäftigten sich kritisch mit der Stadtentwicklung. Es entstanden kleine und große Projekte, Freiräume wurden erkämpft. Das gute Leben kam nicht zu kurz, legendär waren auch die Partys und Gartenfeste.

Das „Modell Düsseldorf" fand bundesweite Aufmerksamkeit und galt einige Zeit als Alternative zu Häuserkämpfen, was von einigen in der Szene auch kritisch gesehen wurde. Nach und nach ließ die Stadt das Modell auslaufen, es gab immer mehr reguläre Mietverträge, allerdings zu äußerst günstigen Bedingungen, von denen noch bis heute so manche WG profitiert. Eine ganze Reihe der für den Abriss vorgesehenen Häuser steht glücklicherweise noch heute.

…und noch heute verbinde ich viele wichtige Erfahrungen und Erlebnisse mit den Jahren in der Neusser Straße 65. Lange Freundschaften sind geblieben, ebenso wie gute Erinnerungen an eine Zeit, die heute schwer vorstellbar ist.

In den neunziger Jahren wurde das Haus abgerissen und wenn man nicht ganz zufällig dort gewohnt hat und sich heute daran erinnert, dann wird einem ganz wunderlich zumute.

Jochen Molck
Geschäftsführer Kulturzentrum ZAKK

Warum ich Düsseldorfer bin?

OB ICH GERNE DÜSSELDORFER BIN? Ja, das bin ich. Inzwischen. Der Weg bis hierher ist eine lange Geschichte. Ich versuche es ganz kurz.

Frisch verheiratet zog ich 1974 nach Düsseldorf, genauer gesagt in die Bongardstraße in Pempelfort. Meine Frau Johanna Müller-Ebert ist in Düsseldorf berufstätig geworden.

Ich selbst war noch, oder besser gesagt wieder, Student. Dieses Mal im Fachgebiet klinische Psychologie an der Uni Bonn. Wir haben uns im Studium in Heidelberg kennen gelernt. Sie kam aus Baden, das steht bekanntlich dafür, hübsch und klug zu sein und sehr gut kochen zu können.

Ich bin in Bad Boll aufgewachsen, in Württemberg auf der Schwäbischen Alb.

In Hinblick auf die gestellte Frage der späteren Entwicklung eines ganz persönlichen Wohlfühlfaktors in und mit der Stadt Düsseldorf ist unsere Herkunft insofern relevant, als wir bis heute gelegentlich nicht nur die lieblich hügelige Landschaft des Südens vermissen, sondern vor allem einfach ehrlich gut gekochtes Essen. Und überhaupt! Der unfreundliche, schlechte Service in den meisten Düsseldorfer Kneipen und Restaurants ist für mich als Süddeutscher immer wieder ein Schock. Offensichtlich völlig unausgebildete Kellner, fast überall, wo man hingeht! Für uns war das sehr gewöhnungsbedürftig. Nicht viel freundlicher erlebte ich, verwöhnt von dem meist freundlichen und hilfsbereiten Service im Süden, die Düsseldorfer Verkäufer/innen nicht nur auf der Kö! Wir dachten, das sei halt so im kühlen Norden, oder eben eine ganz normale negative Auswirkung der Hektik einer Großstadt. Es brauchte einige Zeit, bis wir größere Zusammenhänge entdeckten, die eine mögliche Erklärung für diesen markanten Stil im Sevicebereich in Düsseldorf sein könnten: Dieser ist vielleicht nur eine schlechte vielfache Kopie der Stil prägenden, rheinisch kumpelhaft-ruppigen Art der sonst sehr sympathischen Köbes – Originale vom „Uerige". Da muss man schon mal gewesen sein. Sonst kapiert man schlicht gar nichts von der Düsseldorfer Lebensart.

Die Ratinger Straße wurde für mich damals für einige Zeit unvermeidbar zum seelisch-kommunikativen Ankerpunkt. Dort war damals die kulturell wichtigste Szene à la Düsseldorf abends versammelt.

Nach Abschluss meines Psychologie-Diploms in Bonn, musste ich nicht mehr fast täglich pendeln. Das gab mir mehr Zeit, Düsseldorf genauer kennen zu lernen. Vor allem meine psychotherapeutische Fachausbildung konnte ich auch von meinem Wohnort aus machen.

Zu ihrer Finanzierung aktivierte ich eine früher erworbene Qualifikation in Theologie und Philosophie und wurde für 2 Jahre Pfarr-Vikar in der evangelischen Melanchthon-Gemeinde, Grafenberg, später in der Markuskirche, Lierenfeld. Ich war alles andere als religiös oder kirchlich geprägt, eher protestantisch, ideenreich, unternehmerisch, aber ich hatte dort vorbildliche Lehrpfarrer, die mich an der langen Leine machen ließen und mich mit manchen bis heute nützlichen Ratschlägen in diesem vielseitigen Beruf und in die verschiedensten Nöte und Lebensformen von Düsseldorfer Bürgern einführten. Ich war enorm neugierig auf die Menschen, mit denen ich es nun als Jungseelsorger zu tun bekam, und denen ich auf irgendeine Weise beistehen sollte.

Am liebsten übernahm ich Beerdigungen. In Trauer waren die meisten Hinterbliebenen auch gegenüber einem ihnen sonst recht fremden Pfarrer offen. Ich konnte ihre Familienmitglieder, ihre Wohnumstände und vor allem ihre Sorgen kennen lernen und ihnen dadurch auch manchmal in ihrer Trauer, ihren Veränderungen und ihrem Neuanfang etwas beistehen.

Welch eine Gelegenheit, was für ein Geschenk, Düsseldorfer so nah und ungeschminkt kennen zu lernen. In der mir ebenfalls anvertrauten kirchlichen Jugendarbeit konnte ich mich mehr aktiv erproben. Neues initiieren. Vor allem lernen, wie man ehrenamtliche Mitarbeit für neue Projekte mobilisiert.

Im Bezirk „meiner" Melanchthongemeinde beobachtete ich mit zunehmender Neugier die Entstehung einer neuartigen Kulturszene in einem zum Abriss bestimmten „Haniel-und-Lueg"-Fabrikgebäude.

Die großen, leeren Räume füllten sich zunehmend mit Kurs-
teilnehmern für Ballett, zeitgenössischen Tanz und experi-
mentelles Theater. Es gab Malen für Kinder, südamerika-
nisches, afrikanisches Trommeln und Tanzen. Das Tanzhaus
wurde schnell zum Geheimtipp der Multi-Kulti-Szene der
Stadt und darüber hinaus. Es war ein improvisierter Treff-
punkt für nicht etablierte Künstler/innen und Kunstinte-
ressierte. Das Ganze funktionierte einige Zeit sehr gut ohne
Rechtsform, ohne längerfristiges Konzept und ohne soliden
Haushaltsplan. Der Kulturtreffpunkt hatte einen schlichten,
aber programmatischen Namen: „Die Werkstatt für Tanzen,
Malen, Werken und Gestalten". Sozusagen ein Workshop-
Laden für die kleinen und großartigen, schöpferischen und
kommunikativen Bedürfnisse der Bürger vor Ort. Die Leit-
idee war „Kultur für alle". Jeder ist ein Künstler! Diese tiefe
Überzeugung wird bis heute im Tanzhaus täglich hundertmal
offensichtlich.

An Wochenenden gab es Workshops und Vorstellungen, Fol-
klore aus aller Welt, avantgardistische Kunst, von hier aus
und von überall! Aus den Niederlanden, Südamerika, Afrika,
USA und Japan. So was gab es noch nirgends.

Das Tanzhaus wurde zu „dem Ort" in Düsseldorf für mich.
Durch ihn wurde diese Stadt plötzlich zu einem weltoffenen,
künstlerischen, kreativ spielerischen, ja sogar zu einem
menschlich herzlichen Ort, von dem ich bis dahin nur ge-
träumt hatte.

Diese anfänglich sorglose, spontan entstandene, unverbind-
liche Struktur der „Ur-Werkstatt" löste sich bald jedoch ganz
unspektakulär aus finanziellen Gründen und persönlichen
Querelen einzelner Akteure wieder auf.

Eigentlich aus ganz eigennützigen Motiven, mein neu gewon-
nenes Fleckchen Heimat in Düsseldorf irgendwie zu retten,
blieb mir kaum etwas anderes übrig, als alles dafür zu tun,
diese wertvollen Anfänge einer neuartigen Szenekultur zu
erhalten.

Durch die Gründung eines Trägervereins, einen ersten Ent-
wurf, ein pädagogisches und künstlerisches Konzept, einen
Wirtschaftsplan und eine verbindliche Strategie zur Wieder-

gewinnung der Dozenten, Künstler und Teilnehmer konnte ich offensichtlich entscheidend mitwirken, ein unnötiges Scheitern einer in meinen Augen kulturell wichtigen Idee abzuwenden.

Daraus ist dann zunächst der Trägerverein: Die Werkstatt e. V. als Zuschuss und überlebensfähiger Verein entstanden, aus dem heraus sich nicht nur das heutige Tanzhaus nrw, sondern auch das jahrelang von Ernest Martin äußerst engagiert und mit wenig öffentlichen Mitteln geleitete Juta (heute FFT) und Akki (Gründung und Leitung Christoph Honig) entstanden. Da musste man doch einfach hierbleiben, da konnte man doch nicht einfach von dannen ziehen.

Geld, geschweige denn meinen Lebensunterhalt, konnte ich jedoch damit lange Zeit nicht verdienen. Die Dozenten und

Künstler mussten gut bezahlt werden, die Miete musste pünktlich und zuerst bezahlt werden. Das schuf Vertrauen.

Tagsüber unterrichtete ich in einem Düsseldorfer Gymnasium einige Stunden Religion und Philosophie. Später eröffnete ich, inzwischen mit meiner zusätzlich erworbenen Fachausbildung zum psychologischen Psychotherapeuten zusammen mit meiner Frau eine psychotherapeutische Praxis.

Ein größerer Teil meiner Patienten/innen ist nicht in Düsseldorf geboren. Mehrere hatten große Schwierigkeiten, sich in dieser Stadt wohl zu fühlen. Von ihnen habe ich eine für mich selbst nützliche Weisheit gelernt: Kommst du in eine neue Stadt, in der du längere Zeit bleiben musst und dir kommt gerade deshalb nichts anderes in den Sinn, als lieber gleich wieder zu gehen, sage dir in den ersten Monaten und in Krisen

mit deiner neuen Stadt so oft wie möglich folgenden Satz: „Ich bin Düsseldorfer." oder „Ich bin Neusser."

Die ein oder anderen positiven Erfahrungen eröffnen sich in ihrer Wahrnehmung und Erinnerung mit dieser künstlich innerlich aufgerichteten Identifikation dann leichter. Spontan kommt der Satz sicher vielen erst nach Jahren über die Lippen. Einzelne negative Aspekte der Stadt gehören natürlich einfach auch dazu. Ja, ich bin Düsseldorfer! Ein unübersehbarer Teil der Bürger meiner Stadt ist zwar etwas eitel, mehr der Schein, und Wohlbekanntes zieht sie an. Für Neues und Selbstgemachtes aus der kulturellen Nachbarschaft und der Fremde, da sind die Kölner offener. Vor

allem meine früheren, häufigen Begegnungen mit den recht
unfreundlichen Düsseldorfer Zeitgenossen in Behörden und
im Servicebereich haben in den letzten Jahren spürbar abge-
nommen. Vielleicht habe ich mich auch an den Düsseldorfer
Stil gewöhnt.

In vieler Hinsicht ist diese Stadt aber überaus bequem, im
Zentrum Europas, mit vielfältigstem kulturellen Angebot oft
auf höchstem Niveau, einem guten sozialen Netz, sehr schönen Parks, einem künstlerisch höchst produktiven Umfeld –
Köln, das Ruhrgebiet, nahe gelegene Kreativzentren der Be-
nelux-Länder –, einem nah gelegenen Flughafen mit guten
Verbindungen in alle Welt. Was will man eigentlich mehr!

Doch um ehrlich zu sein, muss ich als ein inzwischen 36 Jahre hier wohnender, und damit nicht echter, aber inzwischen
wahrer Düsseldorfer offen gestehen: Der schönste Ort für
mich in Düsseldorf ist und bleibt das Tanzhaus nrw. Dort ist
Leben, oft einzigartigste Bühnenvorstellungen von überra-
schender und anrührender menschlicher Intensität, Authen-
tizität und Tiefe, dazu tausendfache, kleinste, intimste künst-
lerische Prozesse des Neuwerdens, der Herzlichkeit im Um-
gang mit anderen, täglich gelebte Internationalität und glo-
bale Vernetzung. Jung und Alt sind da gemeinsam tanzend
zu Hause.

Zum Essen gehe ich nach Feierabend gelegentlich und natürlich nach wie vor am liebsten in „Robert's Bistro", auch wenn
es dort meist eng ist. Die Gerichte und die Auswahl sind nach
wie vor groß, gut und recht preiswert. Gerne esse ich auch im
„Gigante" in der Geibelstraße am Kamin: ein freundlicher,
italienisch flexibler Service. Oder bei „Meiers & Freeman",
wegen der süddeutsch anmutenden Landpartystimmung. Sel-
tener fahren wir inzwischen mit dem ICE zum schwäbischen
Maultaschenabendessen nach Stuttgart in „Die Kiste".

22 Uhr zurück in unsere insgesamt bequeme und kulturell
bereichernde Heimatstadt Düsseldorf am Rhein.

Bertram Müller
Leiter des Tanzhaus nrw

Jeck in und nach Düsseldorf

10 JAHRE DÜSSELDORF. Das hätte ich nicht gedacht. Obwohl – als ich vor zehn Jahren nach Düsseldorf kam, sagte ich mir, das ist es, wonach ich immer gesucht habe.

Hier kannst du dich kulturell betätigen, im Grünen wandern, mit dem Boot auf dem Rhein schippern, auf der Kö flanieren, in der Altstadt shoppen, im Karneval jeck sein und vieles, vieles mehr.

Düsseldorf zu erleben in seiner Vielfältigkeit von der Kö bis zur Altstadt. Von der Carlstadt bis nach Kaiserswerth. Jeder Stadtteil und jedes Viertel hat ein ganz spezielles Flair. Hier liegen oft Tradition und Moderne ganz nah beieinander. Genuss, Kultur und Lebensart werden gepflegt, aber vor allem gelebt.

Um eine Episode einmal zu erzählen, die mir bis heute immer noch in Erinnerung ist:

Mein erster Weihnachtsmarkt in Düsseldorf. Ich hatte mich dafür eingesetzt, dass wir mit einem eigenen Info-Stand auf dem Markt vertreten waren. Ich als „Neu-Düsseldorferin" an einem Infostand. Jeder würde sagen, naja … Im Endeffekt war es so, dass ich mehr Auskunft erteilen konnte als ein Einheimischer. Ein Mitarbeiter der Geschichtswerkstatt (die Geschichtswerkstatt war stundenweise auch anwesend) konnte gar nicht glauben, dass ich erst drei Monate in Düsseldorf war. Die Tatsache: Ich hatte mich sofort in Düsseldorf verliebt. Denn meine Augen und Ohren sind immer offen, um das Gesehene und Gehörte sowie das Erlebte auch weitergeben zu können.

Ich sehe Düsseldorf als Kunst- und Kulturstadt, mit sehr viel Grün, dann der Rhein, mitten durch Düsseldorf und außerdem ist sie als Mode- und Großstadt bekannt. Diese Empfindungen bestätigen auch meine Gäste, die mich häufig besuchen.

Was mir ganz besonders gefällt, ist die fünfte Jahreszeit. Ich als Norddeutsche war schon immer ein Jeck, aber es hier in Düsseldorf live zu erleben, ist schon einmalig.

Meinen größten Wunsch, den ich mir auch noch erfüllen werde, ist, einmal mit den „Möhnen" das Rathaus zu stürmen.

Jeck in und nach Düsseldorf ist eine Liebeserklärung an meine Traumstadt.

Helga Ossada
Altstadt-Marketing

Düsseldorf – immer wieder!

Meine spontane Empfindung als Altstadtkind über meine Heimatstadt

IM GOLDENEN KESSEL auf der Bolkerstraße bin ich groß geworden. Als Katholischer war ich ein „Exot" im evangelischen Neander-Kindergarten, in dem sich eine bis heute innige Beziehung zur Kindergärtnerin entwickelte. Meine Schulzeit verbrachte ich zuerst auf der Maxschule und später auf dem Görresgymnasium. Nach dem Abi ging es einige Jahre zur Entwicklungshilfe nach Weihenstephan und nach Bremen.

Auch dort immer wieder Düsseldorf: Eine bayerische Autobahn fest in der Hand der DEG – Fans auf dem Weg nach Rosenheim oder Rießersee, mit der Fortuna gegen Bayern München im Olympiastadion und Toni Schumacher im Tor untergehen sehen. Immer wieder wanderten meine Gedanken zurück an den Rhein und oft genug war ich zwischendurch mal wieder zu Hause.

2006: Endlich zurück. Das Gefühl, nie weg gewesen zu sein. Vertraute Gesichter, Plätze, Straßen – manch positive Entwicklung, viel gemeinsame Arbeit im Interesse unserer Stadt. Tolerant und weltoffen, wirtschaftlich stark und erfolgreich, liebenswert, miteinander arbeiten, voneinander lernen, gemeinsam leben und feiern, das ist für mich Düsseldorf. Es lohnt sich – in jedem Stadtteil, in betriebsamen Einkaufsmeilen und ruhigen Parks, am Rhein entlang und im Herzen der Altstadt.

Schauen Sie hin – Sie werden immer wieder nach Düsseldorf kommen.

Michael Schnitzler
Baas der Düsseldorfer Hausbrauerei „UERIGE"

Es hätte besser nicht kommen können

ALS ICH 1979 NACH DÜSSELDORF KAM, um im Werbeamt
der Stadt meine Laufbahn als Grafikdesigner und Fotograf zu
beginnen, war es für alle meine Bekannten und Verwandten im
sauerländischen Menden etwas ganz Besonderes, dass ich aus-
gerechnet in der Landeshauptstadt leben und arbeiten durfte.
Ich meinerseits kannte diese Stadt nur von den jugendlichen
Wochenendtouren in die nächtliche Altstadt, nach denen man
immer mit dem angenehmen Gefühl aufwachte, die große weite
Welt erlebt zu haben.

Jetzt war ich also da, bekam eine Wohnung in Oberkassel, ohne zu ahnen, wo ich gelandet war.

Heute weiß ich, besser hätte es nicht kommen können. Täglich
fahre ich seitdem zwei Mal täglich mit dem Fahrrad über die
Oberkasseler Brücke zur Arbeit. Mein Weg führt vorbei am
Ehrenhof und der Tonhalle links, rechts grüßt die Kunstaka
demie, nach Eintauchen in den Hofgarten leuchtet rechts das
Ratinger Tor. Ich sehe die Kunstsammlung NRW, die Kunst-
halle, die Andreaskirche und die Oper. Über die Königsallee
erreiche ich mein Büro. Wahrlich eine beeindruckende Tour.

Beeindruckend auch die coolen Sonnenaufgänge über der
Altstadt und die spektakulären Untergänge im Rücken von
Oberkassel, die die Skyline erglühen lassen. Es ist immer wie
Urlaub.

Da liegen sonnenhungrige Städter auf der längsten Liegewie-
se der Welt, da tobt die Kirmes, da schlagen Drachen ihre Rä-
der über der Stadt, da krachen Feuerwerke gen Rheinturm,

rodeln Kinder den Deich hinab und der alte Rhein zeigt immer wieder den passenden Pegel dazu. Die Stadt lebt und bietet dem Fotografen immer wieder neue Blickwinkel und Perspektiven und begeistert durch die Vielfalt gegensätzlicher Architektur. Da begegnen sich Alt und Neu, Zeitgeist und Geschichte, da trifft Glas auf Sandstein, konkurriert Schlankes mit Breitem und ergänzen sich Hohes und Flaches. Die Kompositionsmöglichkeiten sind unbegrenzt.

Liebe Leser, nicht ohne Grund fehlt in meiner kleinen Liebeserklärung die Erwähnung der vielen Besonderheiten Düsseldorfs, weil sie jeder kennt und täglich erleben kann. Düsseldorf, die Stadt der Mode, der kurzen Wege, der lebendigen Altstadt, der fröhlichen und aufgeschlossenen Menschen, der hochkarätigen Events, der Museen und Theater und der exklusiven Königsallee. Der extravagante MedienHafen und die pulsierende Rheinuferpromenade sorgen für gute Laune.

... und die Vorurteile? Schickimicki-Stadt! Was soll es, wenn es denn stimmt? Vielleicht kommen ja deshalb so viele Menschen in die Stadt am Rhein, weil sie auch mal so sein wollen, wie sie meinen, dass wir so wären. Für einen Tag. Auf der Kö. Im besten Sonntagsanzug und mit eindeutigen Einkaufstüten.

Ich aber liege auf dem Balkon, schaue auf den Rheinturm, erträume mir neue Bilder und genieße die angenehme Ruhe dieser Stadt.

Ulrich Otte
Grafikdesigner und Fotograf

Düsseldorf – Liebe auf den zweiten Blick

MUSEUMSUFER, EIN BISSCHEN ALTSTADT, Bahnhof – mehr kannte ich von Düsseldorf nicht, als ich 2004 nach Meerbusch zog. Gerade hatte ich mein Studium abgeschlossen und einen Job in dieser grünen Vorstadt Düsseldorfs angetreten. Da auch mein Mann eine neue Aufgabe in Neuss hatte, verlegten wir also unseren Lebensmittelpunkt an den Niederrhein. Die Landeshauptstadt kannte ich nur oberflächlich von einer Handvoll Besuche – so richtig begeistert hatten diese mich allerdings nicht. Und die Trennung von unserer „alten Heimat" Aachen fiel schon ein wenig schwer.

Wir machten recht bald einen Abstecher nach Düsseldorf, und zwar zum Japan-Tag. Muss man ja nutzen, wenn solche Events direkt vor der Haustür stattfinden. Aber irgendwie fanden wir uns nicht so richtig zurecht. Alles war so auseinandergezogen und unübersichtlich. Das erlebten wir auch bei folgenden Besuchen. Und so kamen wir – obwohl keine zehn Kilometer von Düsseldorf entfernt wohnend – nur selten in die „große Stadt". Selbst zum Einkaufen fuhren wir eher nach Krefeld oder Neuss.

Doch zwei Jahre später sollte sich unser indifferentes Verhältnis zu Düsseldorf grundlegend ändern. Ich fing als Pressesprecherin in Roncalli's APOLLO Varieté an und war plötzlich mittendrin – im wahrsten Sinne des Wortes. Zwischen Altstadt und MedienHafen gelegen, konnte ich gar nicht anders, als die Stadt kennen zu lernen. Ich war gezwungen, mich zurechtzufinden – und stellte plötzlich fest, dass es ja eigentlich doch nicht so unübersichtlich war wie gedacht. Allerdings mit Anlaufschwierigkeiten – so irrte ich in meiner zweiten Arbeitswoche mit einem Künstler durch den schicken, aber für mich in allen Straßen gleich aussehenden MedienHafen. Wir suchten Antenne Düsseldorf, wo wir zum Interview erwartet wurden und wurden schlussendlich von der Redakteurin telefonisch bis ins Ziel gelotst.

Ich besuchte die Kulturstätten der Stadt, um einen Überblick über den Wettbewerb des Varietés zu bekommen, und war begeistert, was für ein abwechslungsreiches Programm es hier gab. Ich ging immer öfter nach der Arbeit in die Stadt, erledigte dort meine Einkäufe und entdeckte Restaurants, die am Wochenende getestet wurden. Und ich schlenderte jeden Tag in der Mittagspause das Rheinufer entlang – mal Richtung Altstadt, mal am Landtag vorbei durch den angrenzenden Park. Alleine das sich verändernde Rheinpanorama bei unterschiedlichem Wetter, in wechselnden Jahreszeiten zu beobachten, hat mich Düsseldorf mit neuen Augen sehen lassen. Mittlerweile steht für meinen Mann und mich fest, dass wir dauerhaft hierbleiben möchten. Wir haben uns an all das Schöne gewöhnt, das diese Stadt zu bieten hat und schätzen die besondere Lebensqualität – auch wenn natürlich nicht alles Gold ist, was glänzt. Aber wer wie ich morgens über die Rheinkniebrücke in den Sonnenaufgang fährt, rechts MedienHafen, Rheinturm und Landtag, links das Altstadtufer im Blick, weiß, dass Düsseldorf strahlt. Selbst an einem wolkenverhangenen Tag.

Kathrin Rauschning
Roncalli's APOLLO Varieté, Abt. Öffentlichkeitsarbeit

kurzer Weg

auf den Sattel
losradeln

den Bilker Dom im Rücken
abbiegen vor dem Stadttor
vorbei am Teletubbieland
bunte Lampen sagen mir nicht die Zeit

das Landesparlament gestreift
ein Blick auf das Programm der Artisten
hinweg über die junge Kunst
Krickeknoten zur Rechten

freie Fahrt mit weitem Blick
über dem Fluss erfrischender Wind
unter dem Platanendach
Aug in Aug mit den Schiffen

wer spielt da noch mit Kugeln
wer kommt mir entgegen
Schneckenaugen hinter Autoscheiben
einen Flaneur kenne ich bestimmt

alter Kahn traurig im Hafendümpel
in Sichtweite lockt das lekker Dröpken
die touristische Masse der Altstadt umschiffen
erst beim Schlossturm eintauchen in die Stadt

in der Kunstschlucht aus Waschbeton und schwarzem Granit
plätschert der schmale Bach
Kurzbesuch beim König
Persil in Rot und Arien im Fortissimo

im Hofgarten grüßt der Märchenbrunnen
Kaufmeilen strahlen von Ferne
die Pausenklingel hallt an der Glasstahlfassade
Bänke erleuchten den Weg zum Schloss

Ziel erreicht
Malkasten

Dienstags in den Künstlerkeller

Klaus Richter
Bildhauer, Performer

Zufällig bin ich in Düsseldorf geboren

ZUFÄLLIG BIN ICH IN DÜSSELDORF GEBOREN und aufgewachsen in der Altstadt. Als junger Mann habe ich die Stadt gerne verlassen, um einige Jahre später anders gerne wieder heimzukommen.

Deine Frage nach einem persönlichen Bezug zur Stadt, lieber Herausgeber, nach einem liebsten Ort, kann ich nur durch Geschichten von Begegnungen mit Menschen versuchen zu beantworten.

Die Straßen und Plätze zwischen Rhein und Kö, die Gassen und die Gärten und die verborgenen unterirdischen Wege sind Orte des Geschehens. Die dicke Metzgertochter fällt mir ein, der ich bereits im Kindergartenalter die Ehe versprach im Tausch gegen den größten Lolli der Welt. Wohl zu unserem gegenseitigen Glück (?) geriet die Sache später ins Vergessen. Oder mein erstes Engagement als Demonstrant: Gegen den Lohn von 10 Mark wandelte ich als Verkehrstoter, verhüllt mit einem schwarzen Plastiksack und aufgemaltem Skelett, in einer Gruppe anderer, kindlicher Verkehrsleichen durch die Altstadt. Einige Jahre später sank die Zahl der im Straßenverkehr getöteten Kinder tatsächlich.

Einen liebsten Ort mag ich nicht nennen. Zum einen könnten sich die ungenannten liebsten Orte ungerecht behandelt und benachteiligt fühlen. Zum anderen finde ich meine liebsten Orte meistens dort, wo ich sie am wenigsten vermute, wenn ich sie suche.

Etliche prächtige Raufereien in der Max-Schule fallen mir ein, lange nachdem ein kleiner Junge namens Harry H. dort Prügel bezog. Ich vermute, dass diese Erinnerungen an Auseinandersetzungen mit dafür verantwortlich sind, dass ich bis heute dort mein Wahlrecht jedes Mal gerne ausübe.

Vor dem Rathaus habe ich Kasperletheater gespielt und war dabei als böse Hexe Wackelzahn so überzeugend, dass einmal ein Kind auf die Bühne sprang und mir die Puppe vom Finger boxte. Der Ratsherr im Ruhestand fällt mir ein, der immer, wenn er am Jan-Wellem-Denkmal vorbeikommt, einen Moment stehen bleibt und sich kurz verneigt.

An einige unterirdische Wege erinnere ich mich sehr gerne. Die geheime Kenntnis von Verbindungen zwischen Kellern ermöglichte es mir, plötzlich und unerwartet zu verschwinden, um an anderer Stelle wieder aufzutauchen.

Ein erstes wildes Knutschen unter einer Gaslaterne in einer dunklen Seitengasse zähle ich zum persönlichen Bezug, ebenso wie das Beben der Nasenspitze einer anderen später im Hofgarten. Ungezählt sind die wundervollen Feste in der Altstadt – viel Rock 'n' Roll, Blues, Jazz, immer Musik, immer gesellig!

Du siehst und liest, mein Freund und Herausgeber dieses Buches, das Besondere meiner Beziehung zu Düsseldorf ist so persönlich wie bei jedem Menschen. Also nichts Besonderes.

Es ist in Düsseldorf täglich möglich, mit besonderen Menschen und Momenten beschenkt zu werden, und das ist weniger zufällig, als in Düsseldorf gewachsen.

Dirk Schaper
Vorstand der Düsseldorfer Altstadt-Gemeinschaft

Das Dorf
auf der Sonnenseite

WELCHES IST DENN NUN die bessere Seite vom Rhein? Die, wo der Dom steht, wie es die linkischen Kölner glauben? Oder ist man rund um St. Lambertus doch dem Paradies ein kleines Stückchen näher, was rechtschaffene Düsseldorfer reklamieren?

Wer Recht hat oder nicht, zeigt jeden Tag das Licht. Die Sonne macht den Schiedsrichter: Sie verwöhnt die Dörfler an vielen lauen Sommerabenden bis kurz vor Untergang. Die Flancure auf der Altstadtpromenade baden noch voll im Licht, derweil sich auf dem kölschen Pendant schon Schatten breitmachen. Während hier das letzte Rot am Himmel verglüht, ist es dort längst zappenduster.

Ergo: Wer auf der „schäl Sitt" lebt, hat mehr vom Tag.

Rene Schleucher
Lokalredakteur
Westdeutsche Zeitung

Mein Düsseldorf

ES HAT EINE WEILE GEBRAUCHT, bis sich so ein echtes Heimatgefühl eingestellt hat zu der Stadt, in der ich geboren und aufgewachsen bin. Wo es in der Jugend doch eher als schick galt, möglichst weit weg und so viel wie möglich unterwegs zu sein, genieße ich es nun zunehmend, gute Wurzeln zu haben und hier in Düsseldorf, der vielleicht kleinsten Metropole der Welt, verankert zu sein.

Ich habe sie von der Pike auf „gelernt", meine Stadt: Kindheit und Jugend in der Carlstadt (seinerzeit noch mit K), Kindergarten und Grundschule in St. Max, dann kam das Görres. Auch die Ahnentafel kann sich sehen lassen: Schon die Urgroßeltern waren hier als Bäcker- und Schlossermeister, Förster auf der Lausward oder Marzipanfabrikant tätig.

Und bis auf kurze Unterbrechungen bin ich ihr bis heute treu geblieben, ohne dass Langeweile aufkam, denn es ergab sich, dass der Arbeitsmarkt in dieser Stadt genug Spannendes bot. Und dazu hatten diese Jobs auch immer recht viel mit dem Leben in dieser Stadt zu tun – eine gute Fügung, die mit Sicherheit mein Verhältnis zu dieser Stadt mitgeprägt hat.

Düsseldorfs Lage ist großartig: Am Rhein, der ein großartiges Stadtbild schafft, eingerahmt in die Großräume Niederrhein, Ruhrgebiet, Bergisches Land und Eifel findet sich in unmittelbarer Nähe immer ein lohnendes Ausflugsziel, wenn es denn mal mit dem innerstädtischen Angebot hapern sollte, doch meist hat man hier eher die Qual der Wahl – irgendwas ist immer los.

Der kritische Blick auf diese Stadt offenbart erstaunlich wenige Schwächen. Große städtebauliche Sünden sind ihr erspart geblieben, der Wiederaufbau nach dem Krieg kann als gelungen bezeichnet werden und hat manch sehenswerte stadtprägende Architektur auf die Beine gestellt. Einige meiner persönlichen Favoriten: Schauspielhaus und Dreischeibenhaus, Rochuskirche, der neue Zollhof/die Gehry-Bauten, unsere Brückenfamilie (abgesehen von der A-44-Entgleisung). Hinzu gesellen sich die „älteren Schätzchen": in Kai-

serswerth und Benrath, das ganze Oberkassel bis zum Quadenhof in Gerresheim.

Nun kann es aber bei dieser Menge an Licht nicht ganz ohne Schatten funktionieren: So stoße ich bei meiner Lieblingsfortbewegungsart, dem Radfahren, in dieser Stadt immer noch auf unangenehme Barrieren. Nach 1945 als autogerechte Stadt geplant, gibt es bis heute kein gleichberechtigtes Nebeneinander der unterschiedlichen Verkehre. Hier ist noch eine Menge zu tun, aber es gibt auch Fortschritte. Noch eine zweite Schwäche erweist sich in der Landeshauptstadt als ausgeprägt und recht hartnäckig: Schöne Dinge aus der Vergangenheit werden mitunter kurzerhand weggerissen – hier nur eine kleine Auswahl: unser kurfürstliches Renaissance-Schloss, das Berger Tor, das denkmalgeschützte Studienhaus in Unterbilk, das Düsselschlösschen und aktuell soll es nun dem Tausendfüßler an den Kragen gehen. Und den Gaslaternen, deren weiches Licht diese Stadt prägt wie keine zweite weltweit. In solchen Fallen müssen wir Düsseldorfer aufmerksam bleiben. Wir brauchen eine anspruchsvolle Mischung aus Veränderung und Bewahrung, damit unsere Stadt nicht ihre Konturen und damit ihr Gesicht verliert. Das wäre schlimm für ihre Identität und ihre Lebensqualität, denn davon hat sie eigentlich eine Menge.

Das Wichtigste zum Schluss. Düsseldorf ist natürlich auch die Stadt von Heine, Beuys, den Schumanns und den Bechers, aber vor allem ist es die Stadt vieler interessanter und freundlicher Menschen, von denen ich etliche kenne und manche Freunde nennen darf.

Das ist mein Düsseldorf.

Georg Schumacher
Rheinbahn, Unternehmenskommunikation

Düsseldorf – geliebte Heimatstadt

AUF DEN POSTKARTEN von Düsseldorf sind oft unsere Wahrzeichen – Rheinturm und Gehry-Bauten – zu sehen. Natürlich ist das bei weitem nicht alles!

Um unsere schöne Stadt zu erleben, ist unter anderem ein Besuch unseres eleganten und berühmten Einkaufsboulevards – die Königsallee (die unter Denkmalschutz steht!!!) – ein absolutes Muss.

Der Besuch dieser berühmten Einkaufsstraße ist immer wieder ein Erlebnis – alle wichtigen Marken, Menschen und Mode sind dort zu finden.

Und bei einer Shoppingpause in einem Café auf der Kö – inmitten der vielen Kö-Besucher – wird Düsseldorf-Lebensgefühl erlebt.

An schönen Tagen flanieren Menschen aus aller Welt über diese Allee – ein Stimmengewirr verschiedener Sprachen. Gerade dann zeigt sich dieses einzigartige Flair auf dieser Straße – die Welt ist zu Gast in Düsseldorf.

Um dem Trubel für kurze Zeit zu entfliehen, kann man einfach nur über die Straße gehen und am Kö-Graben auf einer Bank unter Kastanien entspannen und diese ruhige Atmosphäre auf sich wirken lassen.

In Richtung Altstadt muss unbedingt Stopp gemacht werden auf dem schönen Wochenmarkt am Carlsplatz. Hier werden Spezialitäten aus der Region und aus aller Welt angeboten!

Keine kulinarischen Wünsche bleiben auf diesem Markt offen – die Küchenchefs der hiesigen Restaurants kaufen hier ein – es gibt so ein vielfältiges Angebot, dass man dort einen halben Tag verbringen könnte.

Mit hungrigem Magen wird man auf dem Carlsplatz schnell verführt – denn es gibt ein reichliches Angebot an Mahlzeiten aus fast aller Welt! Und wie heißt es so schön: Da haben Sie nur die Qual der Wahl!

Vom Markt aus durch die Altstadt auf den Burgplatz – dort bei unserem schönen Schlossturm öffnet sich der Platz zu unserer schönen Rheinuferpromenade. Vor allem im Frühling und Sommer ist es einfach traumhaft hier!!

Das ehemalige Dörfchen an der Düssel hat sich in den Jahrhunderten zum Städtchen gemausert und ist nun eine Weltstadt in Kompaktformat.

In nur fußläufiger Entfernung findet man alles, was das Herz begehrt.

Düsseldorf ist Kunststadt, Modestadt, Kulturstadt, Erlebnisstadt, Landeshauptstadt und vor allem meine geliebte Heimatstadt!

Sabine Stoltenberg-Lerche
guest management in düsseldorf

Do ben ech zo Hus

Wo dä alde Schlosstorm op'm Borchplätzke steht
Wo mr sonndaachsmorjens nohm Lambähtes jeht
Wo de Lütt jähn dörch de Aldestadt spazeere
On jemötlech öwer de Rhingpromenad flaneere
Do kenn ech mech us
Do ben ech zo Hus

Wo ons Kurförst setzt op'm Kawänzmannspähd
Wo mr dat leckere Dröppke kippt fröh on spät
Wo dä Köbes dech deut dat Alt janz flöck
Mem Röggelche on enem Flönzrämmelstöck
Do kenn ech mech us
Do ben ech zo Hus

Wo Äppel on Prumme wehde verkloppt op'm Maat
Wo de Jecke on Schötze flöck stonnt parat
Wo Rosemonndaachs- on Mähteszoch treckt
Wo Hemmel on Ähd emmer lecker schmeckt
Do kenn ech mech us
Do ben ech zo Hus

Wo em Rothus ons Politickers fies schänge
Wo op de Modemess sech Mannekängs dränge
Wo en de Kneipe ons Kähls jähn politiseere
Op de Kö opjetakelt all de Frollütt flaneere
Do kenn ech mech us
Do ben ech zo Hus

Wo Möler- on Musickjenies wore joot verdeelt
Wo Jründjens Justav hät dä Mephisto jespeelt
Wo et Lorentz Lörke em Kommödche jesonge
On dä Beuys Jupp sinne Färwpensel jeschwonge
Do kenn ech mech us
Do ben ech zo Hus

Wo mer hütt een Böhn noh de angere hannt
Wo Apollo, Capitol, Flin on Zakk es bekannt
Wo de Komödie de Lütt met Mäuzkes ameseert
En de Tonhall ons Düsys wehde jenial dirijeert
Do kenn ech mech us
Do ben ech zo Hus

Wo de Fortuna henger'm Ball renne deht
Wo Alt on Jong noh de DEG jähn jeht
Wo hee on do noch de Pänz schlare Rad
Nimieh op de Kö, wat eejenslech schad
Do kenn ech mech us
Do ben ech zo Hus

Wo de Sonn owends ongerjeht öwer'm Rhing
Wo de Lütt och em Räje hannt Sonnesching
Wo mr selde es bedröppelt, denn wat e Jlöck
Morjens em Oste kütt de Sonn widder zoröck
Do kenn ech mech us
Do ben ech zo Hus

Wo de Jonges on de Weiter sech treffe em Vereen
Wo mr flöck rötscht zosamme, nit bliewt alleen
Wo de Mensche send rösech, jeck on doll
Wo et Hezz met Spass aan dr Freud es voll
Do kenn ech mech joot us
Do ben ech jähn zo Hus

Monika Voss
Mundart-Autorin

Düsseldorf die Doppelselige

ICH MAG DIESE STADT, ihre Größe, das Dörfliche und das Weltstädtische, ihre kulturelle Vielfalt, die moderne Architektur, ihre alternativen Stadtteile und natürlich den umgänglichen rheinischen Menschenschlag.

Wer viel reist, entwickelt aber auch immer eine Distanz und neue Perspektiven bei seiner Rückkehr. Da ist manches dann neu proportioniert. Manchmal schwelgt man in Heimatgefühlen, manchmal wirkt alles dann doch eng und provinziell. Es kann vielleicht nicht ausbleiben, dass in einer Mode- und Werbestadt die Oberfläche, Glamour und Glitzer allzu starke Anteile gewinnen. Leider hat sich hier mein „Heimatdorf" Oberkassel in den letzten 40 Jahren besonders hervorgetan. Pöseldorf lässt grüßen. Aber das „Doppelselige" hat ja Gott sei Dank zwei Seiten. Auch linksrheinisch gibt es noch Bodenhaftung, ein positives Traditionsbewusstsein und normales Alltagsleben.

Düsseldorf besitzt ja generell – auch geprägt durch viele Messebesucher aus aller Welt – eine Bürgerschaft, die weltoffen ist; ein neugieriges, oft auch fachkundiges Publikum für die vielen kulturellen Angebote, die ja eigentlich einer weit größeren Stadt zuzuordnen wären.

Die Gefahr, zu viel sein zu wollen, sich aufzublasen, aufzuplustern, liegt in dieser Stadt immer nahe und ist mir ein „Wehmutstropfen". Und eigentlich ist das überflüssig.

Düsseldorf hat viel herzuzeigen, und das sollte und muss auch alles gepflegt werden, ohne nach dem nächsten Event zu schielen. Ohne eine farbige, kulturelle Breite nützen der schönste Leuchtturm und das große Festival auch nichts.

Man kann doch auch mal stolz hinter einer Zweitklassigkeit stehen (Fortuna). Ohne sich etwas zu vergeben. Die Selbstdarstellung könnte sich gut etwas Understatement auferlegen und würde den Ruf der Stadt ins Positive korrigieren.

Aber auch in mir als nicht gebürtigem, doch in den langen Jahren, in denen ich hier wohne, langsam in die Rolle des „Eingeborenen" hineingewachsenen Düsseldorfer überwiegt doch deutlich das positiv „Selige", das manchmal einfach nur unkritisch und liebevoll zu seiner Stadt steht.

Peter Weiss
Musiker, Gründer und Leiter der „Jazz-Schmiede"

„Wo mag denn nur mein Christian sein? In Hamburg oder Bremen?"

SCHON ALS KIND hat mich diese Frage immer verwundert, die da in einem Kinderlied aus den Anfängen des 19. Jahrhunderts gestellt wird: „Wo mag denn nur mein Christian sein? In Hamburg oder Bremen?"
Was soll ich in Hamburg oder Bremen? Ich bin waschechter Düsseldorfer und möchte das um nichts in der Welt missen. Denn mich verbindet viel mit meiner Geburtsstadt, in der ich seit Mitte der 1970er Jahre zu Hause bin. Ich wohne nicht nur in dieser Stadt, ich LEBE in ihr.
Was mir besonders an Düsseldorf gefällt, ist das Flair einer Großstadt, die aber eben doch irgendwie das charmante Dorf an der Düssel geblieben ist. Alles ist überschaubar, doch es fehlt uns an nichts. Kunst- und Kulturliebhaber kommen hier ebenso auf ihre Kosten wie „Feierwütige" oder Sportfreunde. Zu Letzteren zähle ich mich auch, denn mein Herz schlägt schon seit Kindesbeinen für die Fortuna und andere Vereine aus der Landeshauptstadt.
Düsseldorf, ich mag dich und deine Menschen. Und wer ist eigentlich dieses „Köln"?
Und deshalb verstehe ich auch so manch andere Liedzeile nicht.
Wie zum Beispiel diese hier von Dorthe Kollo aus dem Jahre 1968:
„Wärst du doch in Düsseldorf geblieben ..."
Düsseldorf, ich war nie weg und ich kann mir nicht vorstellen, dass es jemals so sein wird.

Christian Zeelen
Chefredakteur bei center.tv Düsseldorf

Hartmut Wettmann
Rheinland in 3-D
Historische Stereofotos entlang
des Rheins
128 Seiten mit Fotos, geb.,
978-3-8313-2233-6

Antje Zimmermann
Wunderschöner Niederrhein
Farbbildband deutsch, english, français
88 Seiten mit ca. 120 Fotos, geb.
978-3-8313-2316-6

Wulf Metzmacher
**Aufgewachsen in
Düsseldorf in den
40er & 50er Jahren**
64 S., geb., zahlr. Fotos
978-3-8313-1843-8

Bernhardt Schmitz
**Aufgewachsen in
Düsseldorf in den
60er & 70er Jahren**
64 S., geb., zahlr. Fotos
978-3-8313-1845-2

Barbara Goergen
**Glamour, Rheinbrise
und ein wenig
Landluft**
Geschichten und Anek-
doten aus Düsseldorf
80 S., geb., zahlr. S/w-
Fotos
978-3-8313-1910-7

WARTBERG VERLAG